"ධම්මෝ හි වාසෙට්ඨා, සෙට්ඨෝ ජනේතස්මිං
දිට්ඨේ චේව ධම්මේ, අභිසම්පරායේ ච."

වාසෙට්ඨයෙනි, මෙලොවෙහි ත්, පරලොවෙහි ත්
ජනයා අතර ධර්මය ම ශ්‍රේෂ්ඨ වෙයි !

- අග්ගඤ්ඤ සූත්‍රය - භාග්‍යවත් බුදුරජාණන් වහන්සේ

නුවණ වැඩෙන බෝසත් කථා - 42

ජාතක පොත් වහන්සේ

(කච්චානි වර්ගය)

පූජ්‍ය කිරිබත්ගොඩ ඥාණානන්ද ස්වාමීන් වහන්සේ

ISBN : 978-955-687-172-2

ප්‍රථම මුද්‍රණය : ශ්‍රී බු.ව. 2562 ඉල් මස පුන් පොහෝ දින

සම්පාදනය : මහමෙව්නාව භාවනා අසපුව
වඩුවාව, යටිගල්ඔළුව, පොල්ගහවෙල.
දුර : 037 2244602
info@mahamevnawa.lk | www.mahamevnawa.lk

පරිගණක අකුරු සැකසුම, පිටකවර නිර්මාණය සහ ප්‍රකාශනය :
මහාමේඝ ප්‍රකාශකයෝ
වඩුවාව, යටිගල්ඔළුව, පොල්ගහවෙල.
දුර : 037 2053300, 076 8255703
mahameghapublishers@gmail.com

මුද්‍රණය : ලීඩ්ස් ග්‍රැෆික්ස් (පුද්.) සමාගම,
අංක 356 E, පන්නිපිටිය පාර, තලවතුගොඩ.
ටෙලි: 011-4301616 / 0112-796151

නුවණ වැඩෙන
බෝසත් කථා - 42
ජාතක පොත් වහන්සේ
(කච්චානි වර්ගය)

සරල සිංහල පරිවර්තනය

පූජ්‍ය කිරිබත්ගොඩ ඥාණානන්ද
ස්වාමීන් වහන්සේ

මහාමේඝ
MAHAMEGHA

ප්‍රකාශනයකි

පෙරවදන

ජාතක පොත් වහන්සේ ඔබ කියවලා ඇති. කුඩා අවධියේත්, පාසලේදීත්, සරසවියේත්, පන්සලේ බණ මඩුවේත්, වෙසක් නාඩගමේත් අපි ජාතක කථා රස වින්දෙමු. නමුත් එහි සැබෑ අරුත කුමක් දැයි තේරුම් ගන්නට අප සමත් වූ වගක් නම් නොපෙනේ.

'නුවණ වැඩෙන බෝසත් කථා' නමින් ඒ ජාතක කථා ඔබේම භාෂාවෙන් ඔබට කියවන්නට ලැබෙන්නේ එයින් ඉස්මතු වන අරුතත් සමඟිනි. මෙහි අරුත් දැන එම කථාවත් මතක තබා ගෙන සත්පුරුෂ ගුණධර්ම දියුණු කර ගන්නට මහන්සි ගන්නේ නම් එය ජාතක කථාවෙන් ඔබට ලැබෙන සැබෑම ප්‍රතිඵලයයි.

හැම දෙනාටම තෙරුවන් සරණයි!

මෙයට,
ගෞතම බුදු සසුන තුළ මෙත් සිතින්,
පූජ්‍ය කිරිබත්ගොඩ ඤාණානන්ද ස්වාමීන් වහන්සේ
ශ්‍රී බුද්ධ වර්ෂ 2560 ක් වූ වෙසක් මස 31 දා

මහමෙව්නාව භාවනා අසපුව
වඩුවාව, යටිගල්ඔළුව,
පොල්ගහවෙල.

පටුන

42. කච්චානි වර්ගය

නමෝ තස්ස භගවතෝ අරහතෝ සම්මාසම්බුද්ධස්ස
ඒ භාග්‍යවත් අර්හත් සම්මා සම්බුදුරජාණන් වහන්සේට නමස්කාර වේවා!

01. කච්චානි ජාතකය

මිය ගිය ධර්මය වෙනුවෙන් මතක බතක් පිසූ මවගේ කතාව

පින්වතුනේ, පින්වත් දරුවනේ,

නැන්දා සහ ලේලිය අතර තියෙන අරගලය ඈත අතීතයේ පටන් ම දකින්ට ලැබෙන දෙයක්. ගෙදරක පුතෙක් කසාද බැන්ද විට පුතාගේ නිවසට යි සිය බිරිඳ පදිංචියට එන්නේ. ලේලිය කියන්නේ ඇයට යි. බොහෝ නිවෙස්වල නැන්දම්මාගෙන් ලේලිය බැට කනවා. එහෙම නැත්නම් ලේලියගෙන් නැන්දම්මා බැට කනවා. මේ කතාවෙන් කියැවෙන්නේ ලේලියක් නිසා නැන්දම්මා දුකට පත් වීම ගැනයි.

ඒ දිනවල අපගේ භාග්‍යවතුන් වහන්සේ වැඩ වාසය කොට වදාළේ සැවැත් නුවර ජේතවනයේ. ඔය කාලයේ සැවැත් නුවර එක්තරා නිවසක අම්මෙකුයි තාත්තෙකුයි පුතෙකුයි වාසය කළා. මේ පුතා නිතර ජේතවනයට ගොහින් බණ අහනවා. ඒ නිසා ම තිසරණ පන්සිල්හි පිහිටා තම දෙමාපියන්ට ආදරයෙන් උපස්ථාන කළා. කලක් ගත වෙද්දී මොහුගේ පියා අභාවයට පත් වුණා.

එදා පටන් මේ තරුණ උපාසක තමන්ගේ අම්මාට සැලකුවේ දෙවියෙකුට වගේ. උදේ ම නැගිටලා මුහුණ සෝදන වතුර ටික, දැහැටි දඬුවේ පටන් සෑම උපස්ථානයක් ම කරනවා. ඊට පස්සේ කැඳ හදලා දෙනවා. ඊට පස්සේ දවාලට කන්ට බත් ටිකත් උයලයි වැඩට යන්නේ. දවසක් අම්මා මෙහෙම කීවා.

"අනේ මයෙ පුතේ... ඔයාට මේ සෑම දෙයක් ම කරන්ට බෑ පුතේ. මයෙ වැඩත් කරනවා, ගෙදරදොරේ වැඩත් කරනවා, කුඹුරු වැඩත් කරනවා. හප්පා... තනි දරුවෙක්ට මේ ඔක්කෝ...ම දේවල් කරන්ට ඇහැක... එහෙම නොවෙයි මයෙ පුතේ, අපේ පවුලට ගැලපෙන තැනකින් මං දැරිවියක් සොයා දෙඤ්ඤං. එතකොට ඇට පුළුවනි මටත් සලකාගෙන ගෙදර වැඩත් බලන්ට. ඔයැයිට ඇහැකි නොවැ තමුන්නේ අනික් කටයුතු සොයා බලන්ට."

"නෑ... අම්මා... මේවා මං කරන්නේ මගේ ම හිත සුව පිණිසයි. වෙන කෙනෙක් අම්මාට මෙහෙම සලකාවි කියා මං නම් හිතන්නෙ නෑ."

"ඒ උනාට පුතේ... අපේ පවුල් පරම්පරාවකුත් තියෙන්ට ඕනෑ නොවෙද."

"අනේ... අම්මා... මට නම් ගිහි ජීවිතේ දිගට ම ඉන්ට අදහසක් නෑ. මං අම්මා ඉන්න තාක් මයෙ දෑතින් උපස්ථාන කරගන්නවා. ඊට පස්සේ මං පැවිදි වෙන්ට යනවා."

"එහෙම බැනෙ මයෙ පුතේ... අනේ පුතේ මගේ වචනය අහක දාන්ට එපා ඕං" කියලා මේ අම්මා අර

උපාසකට නැවත නැවතත් කසාදයක් කරලා දෙන්ට ඇවිටිලි කළා. ඒත් උපාසක කැමති උනේම නෑ. බැරිම තැන අම්මා තමන්ගේ තනි කැමැත්තට කෙල්ලක් සොයා කසාද බන්දලා දුන්නා.

උපාසක තම අම්මාගේ වචනය ප්‍රතික්ෂේප නොකොට සාමකාමීව පවුල් ජීවිතේ ගෙවන්ට සිත හදාගත්තා. 'අනේ මගේ සැමියා තමන්ගේ අම්මාට පුදුමාකාර ආදරයකින් සලකනවා නොවැ. මාත් මෙයැයිගේ අම්මාට උපස්ථාන කොරන්ට ඕනෑ. එතකොට මං ගැන ඇති මෙයැයිගේ ආලවන්තකොම තවත් වැඩි වේවි' කියා සිතා ලේලිත් මැද්දට පැනලා උපස්ථාන කරන්ට පටන්ගත්තා.

'අනේ මයෙ බිරිඳ මොනතරම් යහපත් ගුණධර්ම ඇති කෙනෙක් ද... මං කරනවා වාගෙම අපෙ අම්මාට උපස්ථාන කරනවා' කියා සිතා උපාසකගේ ආදරය වැඩි වුණා. එදා පටන් උපාසක රසවත් කෑම බීම මොනවා ලැබුණත් කෙළින් ම ගෙනැවිත් තමන්ගේ බිරිඳගේ අතේ තියනවා.

කලක් යද්දි ඇ මෙහෙම හිතුවා. 'මෙයා ඉස්සර රසවත් ප්‍රණීත දේ ලැබුණොත් ඉස්සෙල්ලාම අම්මාට දීලා පස්සෙ මට දුන්නේ. දැන් කෙලින්ම මයෙ අතේ තියන්නෙ. මං හිතන්නේ දැන් මෑණියන්දෑව එපා වෙලා ඇති. වෙන කොහාට හරි යවාගන්ට ඕනෑ වෙලා ඇති. හරි... මං මහ අම්මණ්ඩිව යවා ගන්ට උපායක් සොයා ගන්නංකෝ' කියා වැරදි විදිහට තේරුම් ගත්තා. දවසක් උපාසක ගෙදර එනකොට ඈ මූණ එල්ලාගෙන කඳුළු පුරෝගෙන උන්නා.

"ඇයි... සොඳුරී... මොකද ඔයා මහා දුකකට පත් වෙලා වගේ මූණත් එල්ලාන, දෑහේ කඳුළු පුරෝගෙන... ඇයි?"

"ඇයි තමා... මං මෙතෙක් කලක් ඔයාට කීවෙ නෑ. අද නම් මගේ අහිංසක හිත හරී...යට රිදුණා. මං මෙච්චර සලකද්දී වෙනදාටත් වඩා මහා... නරක විදිහට මට බැන්නේ. අනේ මං කොහොමෙයි මේවා... ඉ...ඉවසන්නේ" කියලා ඉකිබිඳින්ට පටන් ගත්තා. උපාසක නිශ්ශබ්දව ගෙට ගියා.

එදා පටන් ඈ අම්මාට කැඳ දෙද්දී එක්කෝ තද... රස්නෙට දෙනවා. නැත්නම් සීතලට දෙනවා. එක්කෝ ලුණු හොඳට ම වැඩි කරලා දෙනවා. නැත්නම් ලුණු නැතිව දෙනවා. "අනේ දුවේ... කැඳ ටික රස්නෙයි නොවැ" කීවාම සීතල වතුර කෝප්පයක් කැඳ එකට හලනවා. අනේ දුවේ අද ටිකාක් සීතයි, ලුණුත් ටිකාක් වැඩියි වාගේ" කීවාම "හහ්... මේං බලාපන්කෝ වැඩක්... මේ උන්දෑව සංතෝෂ කරන එක නොවැ දැන් අපට ඇති අමාරුම රාජකාරිය. මොනවා දුන්නත් සෑහීමක් නෑ. මං නැගිට්ට වෙලාවෙ ඉඳලා මැරෙනවා මැරෙනවා... කෝ කොහොම දුන්නත් මදි..." කියලා හොඳටෝම බණින්ට පටන් ගන්නවා.

අම්මා නාන්ට වාඩි උනාම ගොඩාක් රස්නෙ වතුර පිටට වක්කරනවා. "උෆයි දුවේ... මයෙ පිට පිච්චෙනවා." "හෑ... මොන වදයක් ද දෙයියනේ මේ මහ උන්දැගෙන්" කියලා ගොඩාක් සීතල වතුර වක්කරනවා. "හෝ... දුවේ... සීත වැඩියි." "ආං... ඒ ගමන සීතලයි ලු. නිදකිං මේ ගෑණි. සත්කාර සම්මාන කොහොම කරන්ට ද කියලා

මට නම් තේරෙන්නේ නෑ. මාව ම මරව මරවා වැඩ ගන්නවා" කියලා හොඳටෝම බෙරිහං දෙනවා.

දවසක් අම්මා මෙහෙම කිව්වා. "අනේ දුවේ මයෙ මෙට්ටේ මකුණෝ පිරිලා වගෙයි. නින්දක් නෑ මකුණෝ කනවා."

එතකොට ඈ ඇඳ එළියට දැම්මා. තමන්ගේ ඇඳත් එළියට දැම්මා. තමන්ගේ ඇඳේ මෙට්ටේ හොඳට ගසලා අව්වේ දැම්මා. අම්මාගේ මෙට්ටෙත් පැත්තකින් තියලා "ඕං... මං හොඳට ගසලා මකුණෝ අයිං කළා" කියලා මකුණන්ගෙන් පිරී ගිය මෙට්ටෙම දාලා ඇඳ ගෙයින් තිබ්බා. එදා රෑ අම්මාට නින්දක් නෑ. මුළු රෑ ම නොනිදා වාඩි වෙලා උන්නා. "අනේ දුවේ... මකුණෝ ගිහිං නෑ වගේ. මුළු රෑ ම මාව මකුණෝ කෑවා."

"ඕං... ඕං... ඉතිං මට බණින්ට පටන් ගත්තා. ඇයි අම්මණ්ඩියේ, තී දැක්කේ නැද්ද මං ඊයේ මක්කද කළේ කියා? මේ ගෑණිගේ කටයුතුවලට නම් වෙනම පිරිසක් ගේන්ට වේවි" කියලා කෑ ගසන්නට පටන් ගත්තා.

දවසක් ඈ අම්මාගේ කෙළ පඩික්කම තමන්ම පයින් ගස්සල බිම හැලුවා. "අයි... අයියෝ... මේ... මොනාද දෙයියනේ කරගත්තේ... මුළු ගෙදර නිකාං වැසිකිළියක් වගේ වුණා. අනේ මයෙ රත්තරන් අම්මේ... මට මෙහෙම වද දෙන්ට එපා කියලා මං මොන තරම් කියනවා ද. කෝ... මේ කාලකණ්ණි ගෑණි මට ම පන්න පන්නා වද දෙනවා නේ" කියා ඈ හඬාගෙන සැමියා ළඟට ගියා.

"මේ... මට නම් මේ පව්කාරිත් එක්ක එක ගෙදර පවුල් කන්ට බෑ. එක්කෝ මේ මහගෑණිව මේ ගෙදරින් යවන්ට. එක්කෝ මාව යවන්ට."

"සොඳුරී... ඔයා තවම තරුණයි. ඔයාට ඕනෑ තැනක ගොහිං ජීවත් වෙන්ට ඇහැකි. මයෙ අම්මාට එහෙම බෑ. එයා ගොඩාක් වයසයි. එයාට තියෙන්නේ මගේ පිහිට විතරයි. ඒ නිසා ඔයා එහෙනම් තමන්ගේ ගෙදර ගිහිං ඉන්ට. මං ඉස්සර වගේ මයෙ අම්මාට උපස්ථාන කරන්නම්. මට ඒකේ කිසීම බැරි කොමක් නෑ. මට පුළුවනි මයෙ අම්මාට සලකන්ට."

එතකොට ඈ නිශ්ශබ්ද වුණා. 'හෝ... මේ මිනිහාව බිඳවන්ට බෑ. මං ගෙදර ගොහින් වැන්දඹුවක් වශයෙන් වාසය කළොත් මහා දුකකට වැටෙනවා' කියා සිතා තමන් ම ගේ දොර පිරිසිදු කළා. එදා පටන් අම්මාට විරුද්ධව වචනයක් කීවේ නෑ. ආයෙමත් මුල් කාලේ වාගේ අම්මාට සලකන්ට පටන් ගත්තා.

දවසක් උපාසක භාග්‍යවතුන් වහන්සේ බැහැ දකින්ට ජේතවනයට ගිහින් භාග්‍යවතුන් වහන්සේට වන්දනා කොට එකත්පස්ව වාඩි වුණා. භාග්‍යවතුන් වහන්සේ උපාසකගෙන් මෙසේ අසා වදාළා.

"උපාසක... දැන් කොහොමද? කලින් වගේම අප්‍රමාදීව පිං දහම් කරනවා ද? මෑණියන්ගේ උපස්ථාන කටයුතු හොඳට කරනවා නේද?"

"අනේ ස්වාමීනී, මට ගිහි ජීවිතයක් ගෙවන්ට ඕනෑකමක් තිබුණේ ම නෑ. මයෙ අකැමැත්තෙන් ම අපෙ අම්මා මට කසාදයක් කරලා දුන්නා. ඈ මුල් දවස්වල හොඳට හිටියා. පස්සේ මයෙ අම්මාට සෑහෙන්ට වෙනස්කම් කළා. මාව අම්මා එක්ක බිඳුවන්ට මහන්සි ගත්තා. වැඩේ හරි ගියේ නෑ. අන්තිමේදී මං කීවා මං තනියම හරි අම්මාට සලකන්නම්. ඉන්ට බැරි නම් ආපහු

තමුන්නේ ගෙදර යන්ට කියලා. එතකොට දමනය වුණා. දැන් ආයෙමත් අම්මාට හොඳට සලකනවා."

"උපාසක, මේ ආත්මේ ඔබ ඇගේ වචනයට අහුවුණේ නෑ. නමුත් කලින් ආත්මේ ඔබ ඇගේ වචනයට අහු වුණා. තමුන්නේ මෑණියන්ව ගෙදරින් පන්නා ගත්තා. මං මැදිහත් වෙලා ආපහු ගෙදරට එක්කරගෙන ඇවිත් උපස්ථාන කරන්ට සැලැස්සුවේ" කියා මේ අතීත කතාව ගෙනහැර දක්වා වදාළා.

"උපාසක, ගොඩාක් ඉස්සර කාලෙ බරණැස්පුරේ බ්‍රහ්මදත්ත නමින් රජ්ජුරු කෙනෙක් රාජ්‍ය විචාරමින් හිටියා. ඔය කාලේ බරණැස එක්තරා නිවසක සිටිය පුත්‍රයෙක් දෙමාපියන්ට ආදරයෙන් සැලකුවා. පියා අභාවයට පත් වුණා. ඊට පස්සේ මේ පුත්‍රයා තමන්ගේ අම්මාව මහත් ආදරයෙන් රැකබලාගෙන ඇප උපස්ථාන කරමින් වාසය කළා.

ඒ අම්මා තමන්ගේ පුතා තනියම වෙහෙස මහන්සි වී වැඩ කටයුතු කරමින් තමාටත් උපස්ථාන කරගෙන සිටීමට කැමති වුණේ නෑ. හොඳ තැනකින් කසාදයක් බන්දලා දෙන්ට ඕනෑ කියන යෝජනාව පුතාට ඉදිරිපත් කළා. නමුත් ඒ පුත්‍රයා කසාද බඳින්ට කැමති වුණේ නෑ. අන්තිමේදී ඒ අම්මා තමන්ගේ තනිකැමැත්තට අර පුත්‍රයාට කසාදයක් බන්දලා දුන්නා. ටික දවසක් අලුත් ලේලි ඈට උපස්ථාන කළා. පස්සේ විරුද්ධකම් කරන්ට පටන් ගත්තා.

ඈ ඉතාම සූක්ෂ්ම ලෙස මේ අම්මා ගැන පුතාගේ සිතේ තිබූ ආදරය නැති කරන්ට දක්ෂ වුණා. දවසක්

ඈ අම්මාට දොස් පවරමින් හයියෙන් කෑ ගසන්ට පටන් ගත්තා. "අනේ ස්වාමී... මට තවත් මේ දුක ඉවසගන්ට අමාරුයි. ඔයාට තේරෙන්නේ නැද්ද මේ කාලකණ්ණි මහ ගෑණි මට දෙන වද කන්දරාව. දැන් තියෙන්නේ එක උත්තරයයි. එක්කෝ මහගෑණිව මේ ගෙදර තියාග න්ට, මාව යවන්ට. එහෙම නැත්නම් මාව මේ ගෙදර තියාගන්ට, මහ ගෑණිව යවන්ට" කියා හඬන්ට පටන් ගත්තා.

එතකොට පුත්‍රයා සිතුවේ මේ සියලු කරදර හදන්නේ තමන්ගේ අම්මා කියලයි. පවුල කැඩෙනවාටත් කැමැත්තක් නෑ. අම්මාට මෙහෙම කීවා. "අම්මේ... ඇයි ඔයා මේ ගෙදර නිතර රණ්ඩු සරුවල් කරන්නේ? මට මයෙ පවුල් ජීවිතේ රැකගන්ට ඕනෑ. දැන් අම්මා මෙහෙ ඉන්ට ඕනෑ නෑ. මං ඉතින් මට හැකි පමණින් උදපදව් කළා මදෑ. දැන් කොහේ හරි ගිහින් ඉන්ට. මෙහෙ ඉන්ට බෑ."

එතකොට අම්මා හැඬූ කඳුළින් රෙදි පොට්ටනියත් අරගෙන ගෙදරින් එළියට බැහැලා ගියා. ගිහින් තමන් දන්නා හඳුනන ගෙවල්වල බැලමෙහෙවරකම් කරමින් ඉතා දුකසේ ජීවත් වුණා. නැන්දම්මා ගෙදරින් ගියාට පස්සේ ලේලියගේ කුසේ දරුවෙක් පිළිසිඳ ගත්තා.

"ඕං මෙයා... දැක්කා නොවැ. ඔය කාලකණ්ණි මූසලී මේ ගෙදර ඉන්නකම්ම මයෙ කුසට දරුවෙක් ආවේ නෑ. දැක්කා නේද?" කිය කියා තම සැමියා තමන්ගේ මව් ගෙදරින් පිටමං කිරීමෙන් කළේ යහපතක් බවට හඟවමින් සිටියා. ටික කලකින් ලේලිය පුතෙක් බිහි කළා. එතකොට ඈ තවත් උදම් අනන්ට පටන් ගත්තා.

"ඔයාට දැන් තේරෙනවා ඇති. අර අම්මණ්ඩි මේ ගෙදර ඉන්නකල් අපට පුත්‍ර ලාභයක් ලැබුණේ නෑ. ඇයි ඉතින් හැමදාම මේ ගෙදර රණ්ඩු නොවැ. මං කීවේ ඕකි මහා මූසලියක් ය කියලා නේද මෙයා."

එතකොට ඒ අම්මාට හිතවත් අය මේ ගැන මහත් සංවේගයෙන් අම්මාට කිව්වා "කාතියානී... ආං උඹේ ලේලිට දැන් සරුය කියලා ඒකී හැම තැනම කියනවා. ඒකිට පුතෙක් ලැබුණේ උඹව ගෙදරින් පන්නාගත්තාට පස්සෙ කියලා කියන්නේ."

එතකොට අම්මා මෙහෙම සිතුවා. 'ඔව්... සත්තකින් ම මේ ලෝකයේ ධර්මය මැරුණා වෙන්ට ඕනෑ. ධර්මය කියා දෙයක් තිබුණා නම් මෙහෙම වෙන්ට බෑ. මං ඒ දූට කිසිම හිංසාවක් පීඩාවක් කළේ නෑ. ඈ ම යි පුතාවත් උසිගන්නලා මාව ගෙදරින් ගහලා පැන්නුවේ. ඔව්... මට්ට හිංසාකොට පන්නා ගැනීම නිසා පුතෙකුත් ලැබුණා නම්, සැපසේ වසනවා නම්, සත්තකින් ම මේ ලෝකයේ ධර්මය මැරිලා. මං එහෙනම් දැන් කරන්ට තියෙන්නේ මැරුණ ධර්මය උදෙසා මතක බතක් දෙන එක.'

මෙහෙම සිතූ අම්මා තලපිට්ටියි, හාලුයි, උයන්ට හැලියකුයි, හැන්දකුයි අරගෙන අමු සොහොනට ගියා. ගිහිං මිනී හිස් කබල් තුනක් ලිප් ගලට තියා ලිපක් බැන්දා. ගිනි දැල්ලුවා. ඊළඟට පොකුණට ගිහිං හිස පටන් ගිලී නා ගත්තා. කට සේදුවා. ළිප ළඟට ඇවිත් දිය බේරෙන කෙස් වැටිය මුදාගෙන සහල් ගරන්ට පටන් ගත්තා.

ඔය කාලේ මහාබෝධිසත්වයෝ උන්නේ සක් දෙවිඳු හැටියට ඉපදිලා. බෝධිසත්වවරු කියන්නේ අප්‍රමාදය උතුම් කොට සලකන අය. එදා ඔහු ලෝකය

දෙස බලද්දි ඉතාම දුකට පත් අම්මෙක් දැන් ලෝකයේ ධර්මය මැරිලා යන හැඟීමෙන් මියගිය ධර්මය උදෙසා මතක බතක් දෙන්ට සූදානම් වන හැටි දැක්කා. දැකලා බ්‍රාහ්මණයෙකුගේ වෙස් අරගෙන පාරේ යන කෙනෙක් වගේ අම්මා ළඟට ආවා. "අෑ අම්මේ... මොකදෑ මේ... අමු සොහොනේ බත් ඉවිල්ලක් නෑ නොවැ. මේ තල පිටි දාලා බතක් උයන්නේ ඇයි අම්මේ.... උඹ මොනාද මේ කරන්නේ?" කියා මේ පළමු ගාථාව ඇසුවා.

(1)

ඇයි කාතියානි උඹ මේ සුදුවතක් හැඳගෙන
නාලා තෙත බේරෙන කෙස් වැටිය මුදාගෙන
මිනී හිස් කබලෙන් සොහොනේ ලිපක් ද බැඳගෙන
තලබතක් පිසින්නට හාලුත් හොඳින් දොවාගෙන
මොකෝ මෙසේ තී මෙහි තලබතක් පිසින්නේ?

බ්‍රාහ්මණ වෙස්ගත් සක් දෙවිඳු පැවසූ මේ ගාථාවට අෑ මෙසේ ගාථාවෙකින් පිළිතුරු දුන්නා.

(2)

අනේ බමුණ මේ තලබත යහපත් ලෙස මං පිසින්නෙ
මට අනුභව කරන්ට නම් නොවේ
මාපිය ගුරුවරුන් පිදුම නම් ධර්මය මේ ලෝකේ
මියගිය බව හොඳටම මට තේරුම් ගිය නිසා
සූදානම් වන්නේ මං අමුසොහොනට ඇවිත්
මියගිය ධර්මයට මතක බතක් පුදන්ටයි

ඇගේ කතාවට පිළිතුරු වශයෙන් සක්දෙවිඳු මේ ගාථාව පැවසුවා.

(3)

කාතියානියේ නුවණින් සලකා බලපං -
ධර්මය මැරුණාය කියා කවුද නුඹට කීවේ
ධර්මය නිසාමනේ දහසක් නෙතින් යුතුව -
මහානුභාව ඇති සක් දෙවිඳුත් උපදින්නේ
මේ උත්තම ධර්මය කිසිදා නැත මිය යන්නේ

එතකොට අම්මා තමා එසේ කීමට හේතු වූ කරුණු කාරණා මේ ගාථාවලින් පැවසුවා.

(4)

බ්‍රාහ්මණය මට නම් හොඳටම විශ්වාසයි
මිය ගොස් ඇති බව ධර්මය කිසි සැකයක් නෑ
පව් කරනා එවුන් මට ලැබෙනවා දකින්ට
ඒකුන් හට පුළුවනි සැපයෙන් ම වසන්ට

(5)

වඳ එකියක් වෙලා මගේ ගෙදර ලේලිය උන්නා
ඒකී මට ගහලා නිවසින් පන්නා දැම්මා
ඒ නිසා ම ඒකිට හොඳ පුතෙක් උපන්නා
ගෙදරට අධිපතිනිය වී ඒකි යසට ඉන්නවා
මං තනි වී අසරණ වී පිහිට නැතිව ඉන්නවා

එතකොට බ්‍රාහ්මණ වෙස් ගත් සක්දෙවිඳු ශක්‍රදේවරාජ වේශයෙන් මහත් ආනුභාව ඇතිව පෙනී සිටියා. මව්පියන්ට වැඩිහිටියන්ට ගුරුවරුන්ට සැලකීම ආදී සප්තව්‍රතපදයන් පුරුදු කිරීම නමැති ධර්මය නිසා තමන් ශක්‍ර තනතුරේ උපන් බවත් ධර්මය ලොවේ තිබෙන බවට හොඳම සාක්ෂිය තමා බවත් පවසා සක් දෙවිඳු මේ ගාථාව පැවසුවා.

(6). කාතියානියේ,
මං ජීවත්වෙන කෙනෙක් මිසක් -
මැරුණු කෙනෙක් නොවේ
තිට යහපත සලසන්ටයි -
තව්තිසාවේ ඉඳන් මෙහෙට ආවේ
තිට හිංසා කළ නිසා ම -
යම් එකියක් වැදුවා නම් පුතෙක්
පුතා සමඟ ඒකිව මං දැන් අළුකොට දමනවා

එතකොට අම්මා භය වුණා. නැගිට සක් දෙවිඳුට වන්දනා කොට මෙහෙම කීවා. "අනේ දේවරාජනේ... මං එහෙම දේකට නොවේ කීවේ... අනේ මයෙ මුණුබුරා නොමැරී ඉන්ට ඕනෑ නොවැ" කියා මේ ගාථාව පැවසුවා.

(7). අනේ දේවරාජනේ,
එවැනි දෙයක් කැමති වුණත් නුඹවහන්සේ නම්
මට යහපත සදන්ට නොවැ -
තව්තිසාවේ ඉඳන් මෙහෙට වැඩියේ
අනේ මාත් මයෙ පුතත් ලේලිය හා මුනුපුරත්
අපි හැමෝම එකම ගෙදර -
සමඟිව සතුටින් ඉන්ටයි මං ආසා

එතකොට සක්දෙවිඳු ඇය තුළ මෛත්‍රිය කරුණාව ආදී ගුණධර්ම පිහිටා තිබීම ගැන ප්‍රශංසා කරමින් මේ ගාථාව පැවසුවා.

(7). කාතියානියේ,
ඔවුන් සමඟ සතුටින් ඉන්ටයි තී නම් ආසා
තී දරුවන්ගෙන් ගුටිකෑවත් -
ගුණදම් අත් නොහැර ඉන්නවා

එහෙනම් තී පුතා එක්ක, ලේලිය මුනුපුරා එක්ක එකම ගෙදර සතුටින් සමඟියෙන් වසන්න

මෙසේ කියා සක්දෙවිඳු ඒ අම්මාට මෙහෙමත් කීවා. "කාතියානී, තී භය ගන්ට කාරි නෑ. මං මාගේ දේවානුභාවයෙන් තිගේ පුත්‍රයාවත් ලේලියවත් අතරමගට එන්ට සලස්වන්නම්. ඔවුන් සමාව ඉල්ලා වැඳ වැටේවි. ඊට පස්සේ ගෙදරට එක්කරගෙන යාවි. ගෙදර ගොහින් අප්‍රමාදීව වාසය කරපං" කියා නොපෙනී ගියා.

සක් දෙවිඳුගේ ආනුභාවයෙන් අර පුත්‍රයාටත් ලේලියටත් දිගටම අම්මාව මතක් වෙන්ට පටන් ගත්තා. ඔවුන්ට වෙන කිසිම දෙයක් කරගන්ට බැරි වුණා. දරුවාත් වඩාගෙන ගෙදරින් පිටත් වුණා. "අනේ අපෙ අම්මාව දැක්කා ද?" කියා ගමේ මිනිසුන්ගෙන් අසමින් සොහොන පැත්තට ආවා. සොහොන ළඟ අම්මා ඉන්නවා දැක්කා. "අනේ අම්මා... මේ කොහිද මේ... අනේ අපෙන් වෙච්චි වැරැද්දට සමාවෙන්ට" කියා දුවගෙන ඇවිත් අම්මාගේ දෙපා ළඟ වැඳ වැටුණා. ඒ අම්මා ඔවුන්ට සමාව දුන්නා. ඊට පස්සේ අම්මා හිනැහි හිනැහී මුනුපුරාව වඩාගෙන සිඹින්ට පටන් ගත්තා. ඔවුන් ඉතා සතුටින් ගෙදර ගොහින් එදා පටන් සමඟියෙන් සතුටින් වාසය කළා.

මෙය වදාළ භාග්‍යවතුන් වහන්සේ මේ ගාථාව වදාළා.

(8)

ඒ කාතියානි ලේලිය හා සතුටින් නිවසට ගියා
එදා පටන් සියලු දෙනා සමඟිව එහි ගත කළා
පුතාත් මුනුපුරත් ඇයට හොඳින් ම උවටැන් කළා
සක්දෙවිඳුගේ රැකවරණය ඔවුන් සැමට සැලසුනා

මෙය වදාළ භාග්‍යවතුන් වහන්සේ චතුරාර්ය සත්‍ය ධර්මය වදාළා. ඒ ධර්ම දේශනාව අවසානයේ උපාසකතුමා සෝවාන් ඵලයට පත් වුණා. "මහණෙනි, එදා මව්ට උපස්ථාන කළ පුත්‍රයාව සිටියේ මේ උපාසක ම යි. එදා මව් වෙලා සිටියේ අද මව් ම යි. එදා ලේලිය ව සිටියේ අද ලේලිය ම යි. එදා සක් දෙවිඳුව සිටියේ මම" යි කියා භාග්‍යවතුන් වහන්සේ මේ ජාතකය නිමවා වදාළා.

02. අට්ඨසද්ද ජාතකය
නිරයෙන් ඇසුණු ශබ්දය නිසා වදාළ කතාව

පින්වතුනේ, පින්වත් දරුවනේ,

අපට මේ මනුස්ස ආත්මේ ලැබී තියෙන්නේ ඉතාමත් දුර්ලභව කියා ගොඩාක් අය දන්නෙ නෑ. බොහෝ අය හිතාගෙන ඉන්නේ දිගින් දිගටම මනුස්ස ජීවිතයක් ලබන්ට පුළුවන් කියලයි. මගඵලලාභීන්ට හැර අනිත් අය ගැන නම් කොහෙත් ම එහෙම කියන්ට බෑ. ඒ නිසා අපි කර්මානුරූපව උපදින බවටත් කර්මානුරූපව මැරෙන බවටත් භාග්‍යවතුන් වහන්සේ වදාළ ධර්මය ඒකාන්ත සත්‍යයක් ම යි කියා තේරුම් ගත්තෝතින් අපටත් අකුසල්වලින් වැළකී අවංකව නුවණින් යුක්තව පින් කර ගන්ට අවස්ථාව ලැබෙනවා. මිනිස් ජීවිතය වරදවාගෙන නොමගට යොදවා නිරයේ උපන්න අයගේ හඬක් ඇසීම තමයි මේ කතාවට මුල් වුණේ.

ඒ දිනවල අපගේ භාග්‍යවතුන් වහන්සේ වැඩ වාසය කොට වදාළේ සැවැත් නුවර ජේතවනයේ. දවසක් කොසොල් රජ්ජුරුවෝ එක්තරා ස්ත්‍රියක් පිළිබඳව කාම සංකල්පනාවෙන් යුක්තව නින්දට වැටී සිටියා. නිදන්ට පෙර ඒ ගැනම සිත සිතා යාන්තම් දෑස් පියවී නින්දට

ගියා විතරයි. දු - ස - න - සෝ යනුවෙන් වෙන් වෙන් හඬින් අකුරු හතරක ශබ්දයක් මහා භයානක හඬින් දෝංකාර දෙමින් මාළිගාව හෙල්ලුම් කන විදිහට ඇහුණා. රජ්ජුරුවෝ කෑ ගසාගෙන අවදි වුණා. එළිවෙන තුරු නොනිදා සිටියා. පසුවදා අනාවැකි පවසන ජ්‍යෝතිෂය දන්නා බමුණන් කැඳවා මේ බිහිසුණු ශබ්දයට හේතුව මොකක්ද කියා ඇසුවා. ඔවුන් කියා සිටියේ රජ්ජුරුවන්ට භයානක ඒරාෂ්ටකයක් ලබා තියෙනවා, ඒ ඒරාෂ්ටකයෙන් අත්මිදීමට නම් සෑම වර්ගයක ම සතුන් සතරදෙනා බැගින් බිලි දී මහා යාගයක් කළ යුතු බවයි. රජ්ජුරුවෝ ලහි ලහියේ යාගයට සූදානම් වුණා.

මෙය දැනගත් මල්ලිකා බිසොව රජ්ජුරුවන්ව භාග්‍යවතුන් වහන්සේ බැහැ දකින්ට යොමු කළා. එතකොට රජ්ජුරුවෝ භාග්‍යවතුන් වහන්සේව බැහැදැක තමන්ට නින්දේදී ඇසුණු භයානක ශබ්දය ගැන කියා සිටියා. එය ඇසූ භාග්‍යවතුන් වහන්සේ මෙසේ වදාළා.

"මහරජ්ජුරුවෙනි, ඕකට භය ගන්ට කාරි නෑ. ඔය ශබ්දය ඇසීම හේතුවෙන් ඔබට හෝ රාජ්‍යයට හෝ කිසිම අන්තරායක් වෙන්නේ නෑ. ඒ වගේම මහරජ්ජුරුවෙනි, මෙවැනි භයානක ශබ්ද අසා තියෙන්නේ ඔබ පමණක් නොවේ. මින් පෙර සිටිය රජවරුන්ටත් ඔවැනි ම ශබ්ද ඇසුණා. එතකොට ඒ රජවරු කළේත් ජ්‍යෝතිෂ දත් බමුණන් ගෙන්වා ඵලාපල විමසීමයි. ඔවුනුත් කියා සිටියේ රජ්ජුරුවන්ට ඒරාෂ්ටකයක් තියෙනවා ය, ඒ නිසා සෑම වර්ගයක සතුන් මරා සර්වචතුෂ්ක නමැති යාගය කළ යුතු බවයි. නමුත් නුවණැති සත්පුරුෂයන්ගේ මගපෙන්වීම නිසා යාගයට මරන්ට හිටිය සතුන්ටත් අභයදානය

ලැබුණා. ඒ නුවර යාග පිණිස සතුන් මැරීමත් තහනම් කළා."

"අනේ භාග්‍යවතුන් වහන්ස, ඒ සිද්ධිය වුණේ කොහොමද කියා අපට ඒ කතාව වදාරණ සේක්වා" කියා කොසොල් රජතුමා භාග්‍යවතුන් වහන්සේගෙන් ඉල්ලා සිටියා. භාග්‍යවතුන් වහන්සේ මේ අතීත කතාව ගෙනහැර දක්වා වදාළා.

"මහරජ්ජුරුවෙනි, ගොඩාක් ඉස්සර කාලෙක බරණැස්පුරේ බ්‍රහ්මදත්ත නමින් රජ්ජුරු කෙනෙක් රජ කළා. ඔය කාලේ මහාබෝධිසත්වයෝ මහා ධනවත් බ්‍රාහ්මණ පවුලක උපන්නා. නිසි වයසේදී තක්සිලා ගොහින් ශිල්ප ශාස්ත්‍ර හදාරා ඇවිත් මව්පියන්ගේ ඇවෑමෙන් තමන් සන්තකව තිබුණු සෑම දෙයක් ම දන් දී හිමාලයට ගියා. ගිහින් ඍෂි පැවිද්දෙන් පැවිදි වුණා. ධ්‍යාන අභිඥා උපදවා ගත්තා. කලක් ගත උනාට පස්සේ ලුණු ඇඹුල් සෙවීම පිණිස මිනිස් පියසට ඇවිත් චාරිකාවේ වඩිමින් එන අතරේ බරණැසටත් පැමිණියා. පැමිණිලා රජ්ජුරුවන්ගේ උයනේ වාසය කළා. දවසක් බරණැස් රජ්ජුරුවෝ සිරියහන් ගබඩාවේ සැතපී සිටිද්දී මධ්‍යම රාත්‍රියේදී එක දිග...ට ම වෙනස් වෙනස් ශබ්ද අටක් ඇසුණා.

ඉස්සෙල්ලා ම ඇසුනේ රාජ මාළිගයට ළඟ තියෙන උයනේ සිට කෑ ගසන කොකෙකුගේ ශබ්දයක්. ඒ ශබ්දය අවසන් වේගෙන එනකොට ම දෙවනුව ඇත් හලේ තොරණේ සිටිය කපුටුදෙනක් කෑ ගසන්ට පටන් ගත්තා. ඒ ශබ්දය අවසන් වේගෙන එනකොට ම තුන්වෙනිව ලී කුරුමිණියෙක් රජගෙදර කැණිමඩල ළඟ ඉඳලා කෑ

ගැසුවා. ඒ ශබ්දය අවසන් වෙනකොට ම සිව්වෙනිව රජගෙදර ඇති කරන කොවුලා කෑ ගැසුවා. ඒ ශබ්දය අවසන් වෙනකොට ම පස්වැනිව රජ්ජුරුවෝ ඇති කරන මුවෙක් කෑ ගැසුවා. මුවා කෑ ගසා අවසන් වෙනකොට ම රජ්ජුරුවෝ ඇති කරන වඳුරා කෑ ගැසුවා. ඒ කෑ ගැසීම අවසන් වෙනකොට ම සත්වෙනිව රජ්ජුරුවෝ ඇති කරන කිඳුරා කෑ ගැසුවා. ඒ කිඳුරාගේ කෑ ගැසීම අවසන් වේගෙන එනකොට ම අටවැනිව රජමැඳුරට උඩින් වඩින පසේබුදුවරයන් වහන්සේ නමක් උදාන ගාථාවක් කියාගෙන වඩිනවා ඇසුණා.

රජ්ජුරුවෝ හොඳටෝ...ම භය වුණා. එළිවෙනකල් නින්දක් නැතිව සිටියා. පසුවදා ජ්‍යෝතිෂය දත් බ්‍රාහ්මණයන්ව ගෙන්වා එකදිගට ම නොනැවතී පිළිවෙළින් ශබ්ද අටක් ඇසුණේ මක් නිසා ද කියා ඇසුවා. "මහරජ්ජුරුවෙනි, නුඹවහන්සේට භයානක ඒරාෂ්ටකයක් ලබා තියෙනවා. එයින් ගැලවෙන්ට නම් සෑම වර්ගයක ම සතුන් සතරදෙනා බැගින් රැස්කොට සර්වචතුෂ්ක නමැති යාගය කළයුතු ම වෙනවා" කියලා කියා සිටියා. රජ්ජුරුවෝ වහා ම යාගය කරන්ට ඕනෑ කියා අවසර දුන්නා. බ්‍රාහ්මණවරු මහා සතුටින් යාගය පිණිස ලහි ලහියේ සූදානම් වුණා.

ඔවුන් අතර යාග කරන ප්‍රධාන බ්‍රාහ්මණයාගේ ශිෂ්‍ය වූ නුවණැති තරුණ බ්‍රාහ්මණයෙක් උන්නා. ඔහු කෙළින්ම ප්‍රධාන බ්‍රාහ්මණයාට කතා කළා. "භවත් ආචාර්යපාදයෙනි, මේක මහා භයානක වැඩක් කියලයි මට හිතෙන්නේ. මේ නිසා ගොඩාක් අහිංසක සතුන්ගේ ජීවිත විනාශ වෙනවා නොවැ. මේක නොකර සිටියොත් හොඳා

කියලයි මට හිතෙන්නේ. ඒ නිසා ආචාර්යපාදයෙනි, අපි මේ බිහිසුණු යාගය නවත්තමු."

"මොනවා... ළමයෝ... උඹට මේකවත් තේරෙන්නැද්ද? අපට සෑහෙන කාලයකට මේ යාගය පොරෝජනයි. වැඩි මස් වේලාගෙන තියන්ට ඇහැකි නොවැ."

"අනේ ආචාර්යපාදයෙනි, අපට මස් කන්ට ආසාවෙන් නිරයේ උපදින්ට හේතු වෙන යාගයක් කරන්ට එපා කියල ම යි මං කියන්නේ."

එය අසා සිටි අනිත් බ්‍රාහ්මණයෝ කිපුණා. "ඕං... ඒ ගමන මේ කොලුවා මොනාද කියාගෙන එන්නේ? මේ අපට ලැබෙන්ට යන ලාභයට අනතුරු කරන්ට එපා හොඳේ."

"හා... හා... එහෙනම් ඔහේලා මස් කන්ට උපායක් හදාගන්න එකයි ඇත්තේ. මට නම් ඔය පාපෙට හවුල් වෙන්ට බෑ" කියලා මේ යාගයෙන් රජ්ජුරුවන්ව වළක්වන්ට හැකියාව ඇති පින් පව් විශ්වාස කරන ධාර්මික ශ්‍රමණයෙකුව සොය සොයා නගරයෙන් පිටත් වුණා. රජ්ජුරුවන්ගේ උයනට යද්දී බෝධිසත්වයන්ව දැකගන්ට ලැබුණා.

'ආ... අර ඉන්නේ බොහෝම යහපත් ඉරියව්වෙන් වැඩ ඉන්න තාපසින්නාන්සේ කෙනෙක්. උන්නාන්සේටවත් මං ගිහින් මේ විපත්තිය නවත්තාගන්ට ඇහැකි ක්‍රමයක් හදන්ට කියා කියන්ට ඕනෑ' කියා සිතා ගිහින් බෝධිසත්වයන්ට වන්දනා කොට මෙහෙම කිව්වා.

"අනේ ස්වාමීනී, ඇත්තෙන්ම ඔබවහන්සේ ළඟවත් මේ අහිංසක සතුන් ගැන අනුකම්පාවක් නැත්ද? ආං රජ්ජුරුවෝ මහවිශාල සත්තු ගොඩාක් මරා යාගයක් කරන්ට හදනවා. මේ මහා විනාශය වළක්වන්ට වටිනවා නේද?"

"ඒ උනාට තරුණය, රජ්ජුරුවෝ මාව දන්නෙත් නෑ. මං රජ්ජුරුවන්ව දන්නෙත් නෑ."

"හරි... එහෙනම් මට මේක විතරක් කියන්ට. අපේ රජ්ජුරුවෝ ශබ්ද අටක් අසා තියෙනවා. ඒවා තෝරන්ට දන්නවා ද?"

"එසේය පුත්‍රය... මං ඒ අට ශබ්දයේ ම තේරුම නං දන්නවා."

"ඉතින් දන්නවා නං ඇයි ඔබවහන්සේ රජ්ජුරුවන්ට පහදා නොදෙන්නේ?"

"මානවකය, මෙහෙමනේ.... මං ඒවා දන්නවා කියලා නළලේ අඟක් බැඳගෙන ඇවිදින්ට කියලද කියන්නේ? හැබැයි රජ්ජුරුවෝ මෙහෙට ඇවිත් මගෙන් ඇසුවොත් මට පුළුවනි එකක් ගානේ පහදා දෙන්ට."

එතකොට අර තරුණයා තාපසින්නාන්සේට වන්දනා කොට කෙලින්ම රජගෙදරට දිව්වා. දුවලා ගිහින් රජ්ජුරුවෝ බැහැදැක්කා. "ඇයි දරුව... මොකෝ මේ හතිදාගෙන?"

"අනේ මහරජ්ජුරුවෙනි, තමුන්නාන්සේට ඇසුණු ශබ්ද මාලාව ගැන හරියට ම පහදා දෙන්ට දක්ෂ වූ ආනුභාවසම්පන්න තාපසයෙක් රාජ උද්‍යානේ වැඩ

ඉන්නවා. උන්නාන්සේ මට කීවා උන්වහන්සේගෙන් ඔය කාරණාව ඇවිල්ලා ම ඇසුවොත් විසඳා දෙන්න පුළුවනි කියා. අනේ මහරජ්ජුරුවනි, අපි උන්නාන්සේ ළඟට ගොහින් අහමු."

"හෝ... ඒක හොඳා!" කියා රජ්ජුරුවෝත් ඉක්මනින් ම ගොහින් තාපසින්නාන්සේට වන්දනා කොට වාඩිවෙලා මෙහෙම ඇසුවා. "පින්වතුන් වහන්ස, ඔබවහන්සේට අනුන්ට ඇසුණ ශබ්දයන්ගේ ඵලාපල පහදා දෙන්ට පුළුවන් ය කියන්නේ හැබෑ ද?"

"එසේය, මහරජ්ජුරුවෙනි."

"එතකොට රජ්ජුරුවෝ තමන්ට ශබ්ද ඇසී ගිය ආකාරය ගැන තාපසින්නාන්සේට කියා සිටියා. තාපසින්නාන්සේ ඒවා එකක් ගානේ තෝරා දුන්නා.

"මහරජ්ජුරුවනි, තමුන්නාන්සේ ඇසූ ඔය එක ශබ්දයකින්වත් තමුන්ට කිසිම අන්තරායක් නෑ. ඒ ගැන භය ගන්ට කිසිම දෙයක් නෑ. මේන්න මේකයි ඒ ශබ්දයන්ගේ අරුත.

මහරජ්ජුරුවනි, මාළිගාව ළඟ පැරණි උයනේ එක්තරා කොකෙක් ඉන්නවා. ඌට කන්ට මුකුත් නෑ. බඩගින්න වැඩිකොමට ඌ කෑ ගසා කීවේ මෙයයි" කියා තාපසින්නාන්සේ තමන්ගේ නුවණින් වටහාගෙන මේ පළමු ගාථාව පැවසුවා.

(1). **ඉස්සර මේ මගුල් පොකුණේ -**
හොඳට වතුර තිබුනා -
බොහෝ මසුන් සිටියා
අපගේ පියා කොක් මහරජු සිටි කාලේ -

සොරොව්වෙන් ම දිය ගැලුවා
දැන් මෙහි වතුර වසා ඇති නිසා -
මාළුවෙක් දකින්ට නෑ
ගෙම්බෙක් කාලා මං කුසගින්නේ ඉන්නේ -
වෙන යන්ට තැනක් නෑ

මහරජ, ඔය කොකා ශබ්ද නගා කීවේ ඕං ඔය කතාවයි. ඉදින් ඒ කොකාව කුසගින්නෙන් මුදවන්ට කැමති නම් ඒ පොකුණ පිරිසිදු කොට ජලය පිරවුව මැනව.” එතකොට ඒ විදිහට කරන්ට කියා රජ්ජුරුවෝ ඒ එක් ඇමතියෙකුට අණ කළා.

“ඊළඟට මහරජ්ජුරුවෙනි, ඇත්හලේ තොරණේ එක් කපුටියක් ඉන්නවා. දෙවනුවට ඇසුණේ ඈ දරු දුකින් හැඬූ හඬයි. එයින් ඔබට භයක් නෑ. ඈ ඇගේ දුක කීවා.

(2). **කිසි හික්මීමක් නැති ඇත්ගොව්වෙක් -**
බන්ධුර නමින් ඉන්නවා
ඒකාගේ අනිත් ඇසත් බිඳින්නට කවුරුත් නැද්දෝ
මයෙ පැටව් ඉන්න කූඩුවත් අනේ මාවත්
මේ විපතින් රැකගන්නට කවුරුත් නැද්දෝ

මහරජ්ජුරුවෙනි, ඕං ඕකයි කපුටී කීවේ. මහරජ, ඇත්හලේ ඉන්න ඇත්ගොව්වාගේ නම මොකක්ද?”

“ස්වාමීනී, එයැයිට තමා බන්ධුර ය කියන්නේ.”

“එතකොට එයැයිට පේන්නේ එක ඇහැයි ද?”

“එහෙමයි ස්වාමීනී.”

“මහරජ, ඔබේ ඇත්හලේ දොරටුව තියෙන තොරණේ එක් කපුටියක් කූඩුවක් හදා තියෙනවා. ඈ ඒකේ

බිජු දාලා. දැන් ඒවා මෝරා කුඩා පැටව් ඉන්නවා. ඔබේ ඇත්ගොව්වා ඇතා පිට නැගිලා හෙණ්ඩුව ඔසොවාගෙන යද්දී එහි තුඩින් කපුටියටත්, කපුටු පැටවුන්ටත් පහර වදිනවා. කූඩුව වැටී නොවැටී තියෙනවා. ඒ දුකටයි කපුටී ඇත්ගොව්වාගේ අනිත් ඇසත් බිඳින්ට කියා ඉල්ලන්නේ. ඉදින් මහරජ, කපුටිය ගැන අනුකම්පාවක් තියේ නම් බන්ධුරයා කැඳවා කපුටු කූඩුවට හිංසා කරන එක වළක්වන්ට."

එතකොට රජ්ජුරුවෝ බන්ධුරයා කැඳවා කපුටු කූඩුවට හිංසා කරන බව දැන ඔහුට දොස් කියා වෙන කෙනෙකුට ඒ ඇතාව බලන්ට දුන්නා.

"ඊළඟට මහරජ, තුන්වැනිව කෑ ගැසුවේ ලී කුරුමිණියෙක්. ඒකා ලීය විදගෙන ගිහින් කනවා. දැන් කැණිමඬලේ එලය කාලා ඉවරවෙලා අරටුව සපාගන්ට බැරිව බඩගින්නේ හඬනවා. ඒකා සිදුර විදගෙන ගොහින් ඒකේ සිරවෙලා ඉන්නේ. ඒකා හඬ හඬා මෙයයි කීවේ.

(3)

මහරජුනේ,
මං එළය සිදුරුකොට ගොසින් ඔක්කොම කෑවා
දැන් මොකවත් කන්ට නැතේ මට අරටුවයි හමුවුණේ
ලී කුරුමිණියාගේ සිත දැන් මෙහි ඇලෙන්නෙ නෑ

අනේ මහරජ, කවුරු හෝ ලවා ඒකාව එතැනින් බැහැර කරවන්ට."

එතකොට රජ්ජුරුවෝ එක් පුරුෂයෙක් ලවා පරිස්සමට කැණිමඬලේ සිදුරක සිර වී සිටි ලී කුරුමිණියාව බැහැර කොට පිටත් කළා.

"ඊළඟට මහරජ, ඔබගේ රජගෙදර ඇති කරන කොවුලෙක් ඉන්නවා නොවැ. අන්න ඒ කොවුලා කලින් තමන් නිදහසේ වන ගැබේ වාසය කළ කාලේ සිහිපත් කොටයි කෑ ගැසුවේ. එයැයි කියන්නේ 'අනේ මං මේ කූඩුවෙන් නිදහස් වෙලා වනයට ගොසින් නිදහසේ ඉන්නේ කවද්ද!' කියලයි.

(4)

අනේ කවද්ද මං රජ්ජුරුවන්ගෙන් නිදහස් වෙලා
යන්නේ මං කලින් සිටිය කැලෑ රොද බලා
එතකොට මට ඉන්ට ඇහැකි අතු යටට වෙලා
දැන් මේ කූඩුවෙ ඉන්නේ හොඳටම එපා වෙලා

අනේ මහරජ, කෝකිලයාට හොඳටම එපා වෙලා තියෙන්නේ. එයැයිව නිදහස් කරනවා නම් හරි අගෙයි." එතකොට රජ්ජුරුවෝ කොවුලාව කූඩුවෙන් නිදහස් කෙරෙව්වා.

"ඊළඟට මහරජ, පස්වැනිව ඔබට ඇසුණේ මුවෙකුගේ කෑ ගැසීම නොවැ. මහරජ, ඔබගේ රජගෙදර ඇති කරන මුවෙක් ඉන්නවා නොවැ."

"එසේය ස්වාමීනී."

"මහරජ, ඒ මුවා මුවරැළක හිටපු නායකයෙක්. එයැයි ආලෙ බැන්ද මුවදෙනක් ඉන්නවා. දැන් මෙහෙ ඉන්නේ තනිවෙලා නොවැ. එයැයිතුත් දැන් ඉන්නේ ඈ ගැන හිත හිතා මහා ශෝකයකින්. ඒකයි මුවා හඬ නගා කෑ ගැහුවේ.

(5). මේ රජුගෙන් නිදහස් වී -
කවද්ද මං මෙතැනින් පැනගන්නේ

මගෙ මුව රැල පිරිවරාන -
කැලේ තුටින් පැන දිව යන්නේ
නොඉඳුල් ලා දළු කමින් -
කැලේ පොකුණුවල පැන් බොන්නේ
අනේ මං කවද්ද මෙතැනින් පැන -
කැලේට යන්නේ

මෙය ඇසූ රජ්ජුරුවෝ මුවාව නිදහස් කොට ඔහුව අල්ලාගත් වනයට ම සේවකයන් ලවා පිටත් කෙරෙව්වා.

"මහරජ, ඊළඟට සයවෙනුව කෑ ගැසුවේ වඳුරෙක් නොවැ. මාළිගයේ ඇති කරන වඳුරෙක් ඉන්නවා ද රජ්ජුරුවෙනි?"

"එසේය ස්වාමීනී."

"මහරජ, ඔය වඳුරා හිමාලයේ හිටපු වානර රැළක නායකයෙක්. වැඳිරියන් පිරිවරාගෙන මහා සතුටින් කැලේ උන්නේ. භරත කියන වැද්දා තමයි ඒකාව අල්ලාගෙන මෙහෙට ගෙනත් තියෙන්නේ. දැන් මහරජ, වානරයාට මෙහි වාසය හොඳටෝ...ම එපා වෙලා ඉන්නේ. ඌ හඬ හඬා මේකයි කීවේ.

(6). අනේ මගේ වැඳිරි රැළත් එක්ක -
කැලේ සිටියා මං සතුටින්
කල් ගෙවද්දි කාම සැපෙන් -
රාගය පිරී ගිය සිතින්
බාහිත රටෙන් භරත කියලා -
මහා නපුරු වැද්දෙක් ඇවිදින්
මාව මෙහෙ ගෙනත් හිර කළ නිසා -
මං දැන් ඉන්නවා දුකින්

අනේ තොපට සෙත් වෙනවා -
යන්නට මට දුන්නොත් යහතින්

බෝධිසත්වයෝ ඒ වඳුරාවත් නිදහස් කරවලා රජතුමාගෙන් නැවත මෙසේ විමසුවා. "ඊළඟට මහරජ, සත්වෙනිව ඔබට ඇසුණේ කිඳුරෙකුගේ විලාපයක් නේද? මාළිගාවේ කිඳුරෙක්ව හඳනවා නේද මහරජ?"

"එසේය ස්වාමීනී."

"අනේ මහරජ, ඔය කිඳුරාට තමුන්නේ කිඳුරිව මතක් වෙනවා. ඈ තමන්ට කළ උපකාර මතක් වෙනවා. ආදරය මතක් වෙනවා. දවසක් ඔය කිඳුරා කිඳුරියත් එක්ක තුංගභද්‍ර පර්වතයේ මුදුනට නැංගා. එදා ඔවුන් ලස්සන වනමල් නෙල නෙලා පැළඳ පැළඳ හිටියා මිසක් හිරු අවරට යෑම ගැන කල්පනාවක් තිබුණේ නෑ. හිරු බැස ගියා. පර්වතයෙන් බසිද්දී හොඳටෝම කළුවරයි.

එතකොට කිඳුරී මෙහෙම කීවා. "අනේ මගේ ස්වාමී... ඔයා බලාගෙන පහළට බහින්නෙ රත්තරං... කෝ දෙන්න මට ඔයාගේ අත" කියා පරෙස්සමට කන්දෙන් බැස්සා. ඈ එදා තමන්ට ආදරයෙන් කී කතාව මතක් වෙලා මහා දුකින් හැඬුවේ.

(7)

තුංගභද්‍ර පර්වතයෙන් එදා අපි පහළට බසිද්දී
හොඳටම කළුවරයි කිසිම දෙයක් නැනෙ හොඳින් පෙනුනේ
එතකොට මයෙ කිඳුරී ආදරයෙන් මා අත අල්ලා ගත්තා
බලාගෙනයි පය ලිස්සා වැටේවි මයෙ රං ස්වාමිනේ කීවා

අනේ මහරජ, ඔය කිඳුරාට කලින් වගේ කිඳුරියත් එක්ක සැනසිල්ලේ ජීවත් වෙන්ට දෙන්ට." එතකොට

රජ්ජුරුවෝ කිඳුරාව නිදහස් කොට හිමාලයට පිටත් කෙරෙව්වා.

"මහරජ, අටවෙනුව ඇසුණේ හිමාලයේ නන්දමූලක පර්වත බෑවුමේ වැඩ ඉන්න පසේබුදුවරයන් වහන්සේ නමකගේ ගාථාවක්. උන්නාන්සේ මිනිස් පියසට වැඩියා. බරණැස් රජුගේ උයනේ මං පිරිනිවන් පාන්ට ඕනෑ. එතකොට මිනිස්සු සිරුර ආදාහනය කොට ධාතු පූජා පවත්වා බොහෝ පින් කර ගනීවි. ඒ හේතුවෙන් ඔවුන් දෙවියන් අතර උපදීවි යන අදහසින් ඍද්ධිබලෙන් වඩිද්දී ඔබගේ රජගෙට උඩින් වඩිමින් පිරිනිවන් පාන්නට සිත යොමු කරමින් ඒ වදාළේ උදාන ගීයක්.

(8). **මේ සසරේ ඉපිද ඉපිද යන ගමනේ -**
අවසානය මං දැකගත්තා
මව් කුසකට යළි නොවැටෙන -
තැනකට මේ සිත ගොඩ ගත්තා
මේ මාගේ සසරේ යන -
අවසන් ජන්මය කර ගත්තා
යළිත් භවය හැදී උපත ලබන ධර්මතාව -
මං නැති කරගත්තා

"මහරජ, අපි දැන් සොයා බලමු. ඒ පසේබුදුවරයන් වහන්සේ මේ උයනේ කොහේ හෝ පිරිනිවන් පා ඇති. ආං... අර... අර... බලන්ට මහරජ, අර මල් පිපී ගිය සල් රුක් සෙවණේ ශ්‍රමණයන් වහන්සේ නමක් සැතපී ඉන්නවා. ඒ තියෙන්නේ පිරිනිවන් පා වදාළ පසේබුදුන්ගේ දේහයයි. මහරජ, මුන්වහන්සේගේ නිකෙලෙස් සිත දරා සිටි මේ දේහයට හොඳින් ගරුසරු දක්වා ආදාහනය කළ මැනව."

බෝධිසත්වයන්ගේ වචනය ඇසූ රජ්ජුරුවෝ

සේනාවත් සමඟ ඇවිත් සුවඳ මලින් පුදා ආදාහන උත්සවය සූදානම් කළා. බෝධිසත්වයන්ගේ මැදිහත් වීමෙන් යාගය අවලංගු කොට සියලු සතුන්ට අභය දානය දුන්නා. සත් දිනක් පසේබුදුන් උදෙසා පූජා පවත්වා සතරමං හන්දියේ කාටත් වන්දනා කර ගත හැකි පරිදි සෑයක් ගොඩ නැගුවා.

බෝධිසත්වයෝ රජ්ජුරුවන්ව යහපතේ යොදවා අප්‍රමාදීව පින් කරගන්ට කියා උපදෙස් දී හිමාලයට වැඩියා. බ්‍රහ්ම විහාර භාවනාවෙන් කල් ගෙවා නොපිරිහුණු ධ්‍යානයෙන් යුක්තව සිට මරණින් මතු බඹලොව උපන්නා." මෙසේ වදාළ භාග්‍යවතුන් වහන්සේ කොසොල් රජ්ජුරුවන්ට මෙය වදාළා. "මහරජුනේ, ඔබ ඇසූ ශබ්දයෙනුත් ඔබට අන්තරායක් නෑ. යාගය අවලංගු කොට සතුන්ට අභය දානය දෙන්ට" කියා අභය දානය දෙන්ට සැලැස්සුවා.

"මහණෙනි, එදා රජව සිටියේ අපගේ ආනන්දයෝ. යාගයට විරුද්ධ වූ තරුණයාව සිටියේ අපගේ සාරිපුත්තයෝ. ශබ්ද මාලාවේ අරුත් කියා දුන් තවුසාව සිටියේ මම" යි කියා භාග්‍යවතුන් වහන්සේ මේ ජාතකය නිමවා වදාළා.

03. සුළසා ජාතකය

උපායශීලීව මරුමුවින් පැනගත් සුලසා වෙසඟනගේ කතාව

පින්වතුනේ, පින්වත් දරුවනේ,

ඇතැම් දියණිවරුන් ළඟට ආදරවන්තයන්ගේ වේශයෙන් මහා දරුණු සල්ලාලයෝ එනවා. ඔවුන් ඒ දියණිවරුන්ව රවටාගෙන ගිහින් ඇලාගේ ජීවිත විනාශ කරනවා. ඇතැම් විට එසේ විනාශ කොට ඒ දියණිවරුන්ව ඝාතනය කරනවා. බුද්ධ කාලයේත් එවැනි බිහිසුණු මිනිසුන් ඉඳලා තියෙනවා. නමුත් එක්තරා තරුණ ගෘහසේවිකා කෙල්ලක් එබඳු ඉරණමකට ගොදුරු වෙන්ට ගොහින් ඇගේ නුවණ නිසා එයින් අත්මිදීම ගැනයි මේ කතාව.

ඒ දිනවල අපගේ භාග්‍යවතුන් වහන්සේ වැඩ වාසය කළේ සැවැත් නුවර ජේතවනයේ. ඔය කාලේ අපගේ අනේපිඬු මහසිටාණන්ගේ මැඳුරේ එක්තරා ගෘහසේවිකාවක් හිටියා. ඈ තරුණ කෙල්ලක්. දවසක් තවත් ඈ වගේම ගෘහසේවිකාවන් පිරිසක් එක්තරා උයන් කෙළියකට යන්ට තම තමන්ගේ ස්වාමිවරුන්ගෙන් අවසර ගත්තා.

මේ ගෘහසේවිකාවත් අනේපිඬු සිටුතුමාගෙන් අවසර ගෙන සිටුදේවිය වන පුණ්‍යලක්ෂණා දේවිය ළඟට ගොහින් මෙහෙම කීවා.

"අනේ දේවී... අද අපේ කෙල්ලොත් උස්සවයකට යනවා. ඉතින් මටත් එන්ට කීවා. සිටුතුමාගෙන් අවසර ඉල්ලුවාම හා ගිහින් වරෙං කීවා. ඉතින්... දේවී... මටත්... මටත් හරී ආසයි ලාස්සන ආභරණයක් පැළඳගෙන යන්ට. මට එහෙම පිනක් තියේද?"

"මොකෝ කෙල්ලේ එහෙම පිනක් නැත්තේ! තියෙනවා තියෙනවා. මං උඹට ලාස්සන ආභරණයක් දෙන්නං. හැබැයි... පරෙස්සමට පැළඳගෙන ගොහින් උස්සවේ ඉවරවෙලා ආවාට පස්සේ මට ආපසු දීපං හොඳේ" කියලා සිටු දේවිය කහවණු ලක්ෂයක් වටිනා ආභරණයක් දාසියගේ ගෙලේ පැළඳුවා. එහෙම පළඳවා අනිත් කෙල්ලන් සමඟ පිටත් කෙරෙව්වා.

ඉතින් ගෘහසේවිකාවෝ උයනට ගිහින් උස්සවේට සහභාගී වුණා. ඔවුන් සිංදු කීවා. නැටුවා. මත්පැන් බීවා. මේ උත්සවේට එක්තරා දරුණු සල්ලාලයෙක් ඇවිත් හිටියා. ඔහු අර කෙල්ල පැළඳ හුන් ආභරණය දිහා ඇසිපිය නොහෙලා බලා සිටියා. 'ෂාහ්... ඔව්... පේන හැටියට නං ලක්ෂයක් වටිනවා. ඔව්... මේකිව කොහෝමහරි මෙතනින් පන්නා ගන්ට ඕනෑ' කියලා සිතුවා.

දැන් මේ හොරා ගිහින් කෙල්ලත් එක්ක කතාවට වැටුණා. කෙල්ලට මහා ආදරයක් පෙන්නුවා. මස් - සුරා ආදිය ගෙනිහිං දෙන්නත් එක්ක කෑවා බීවා. කෙල්ල හිතුවේ මොහුට ඇත්තට ම තමා ගැන කිසියම් ආදර හැඟීමක් ඇති වෙලා කියලයි. දැන් ටිකක් සවස් වේගෙන

ආවා. එතකොට හොරා ඇසක් ගසා ඉඟිමරා කෙල්ල තමාගේ ළඟට ගෙන්නාගෙන තනිකර ගත්තා.

"කෙල්ලේ... මේ... මෙතන කට්ටියට පේනවා... මේ... අපි පෝඩ්ඩක් අර ඈතට යමුද? කවුරුත් නැති තැනකට යමුද...? කෝ... ඉතිං එන්ටකෝ..." කියලා අතින් ඇද්දා. එතකොට කෙල්ල මෙහෙම හිතුවා.

'හෝ... මං හිතුවේ මෙයා මට ආදරේට කියලා. එහෙම ආදරේ නං මෙතැන උනත් හොඳයි නොවැ. නෑ... මූ මාව පාළු තැනකට අඬගහන්නේ මට ආදරේට නොවේ. මාව හොරෙන්ම මරලා මේ ආභරණේ උස්සන්ට. හොඳයි... මාත් එහෙනම් මූට හොඳ පාඩමක් උගන්වන්නම්කෝ' කියලා සිතා හොරාත් සමග යමිං ගමන මෙහෙම කීවා.

"අන්න මෙයා අර අතන ළිඳක් නේද තියෙන්නේ? මට හරීම තිබහයි අනේ... මං... මං අද... සුරාව වැඩියෙනුත් එක්ක බීවාද මන්දා... ඇයි ඉතිං ඔයා ගෙනත් ගෙනත් දුන්නා නොවැ... මේ... අනේ මට... වතුර ටිකක් බොන්ට ඕනෑ. ඊට පස්සේ මං ඔයා කියන ඕන තැනකට එන්නම්... මේං... මේ තියෙන්නේ ලණුව... කළේකුත් තියෙනවා... අනේ මට වතුර ටිකක් ඇදලා දෙන්න මෙයා... ෂුහ්! හරීම පිපාසයි!"

"හරි... හරි... කෙල්ලේ එහෙනම් ඉස්සෙල්ලාම ඔයාගෙ පිපාසෙ නිවාගන්ටකෝ..." කියලා හොරා කඹයෙන් කළයේ කට ගැට ගසා ළිඳට බැස්සුවා. පාත්වෙලා වතුර අදින්ට සූදානම් වුණා විතරයි කෙල්ල මහා වීරියක් අත්දෙකට අරගෙන හොරාගේ සට්ටමට පහර දී ළිඳට තල්ලු කළා. "හරි... දැන් තෝ ඔතන ම

මැරිලා පල" කියලා ලොකු ගඩොලක් අරගෙන හොරාගේ හිසට අතෑරියා. හොරා ළිඳේ ම මැරුණා. ඈ මොහොතක් නතර වුණේ නෑ. කෙළින්ම සිටු මැදුරට දිව්වා. ආභරණය ගලවා සිටුදේවිය අත තිබ්බා.

"ඈ කෙල්ලේ... මොකෝ මේ... දාඩිය දාගෙන... බිරාන්ත වෙලා."

"හ්... හ්... නෑ... දේවි... මේ ආභරණය හින්දා තව පොඩ්ඩෙන් මං මැරුම් කනවා" කියා වෙච්චි සෑම දෙයක් ම කීවා. සිටු දේවිය එය අනේපිඬු සිටාණන්ට කීවා. අනේපිඬු සිටාණෝ දෙව්රමට ගොහින් මේ සිදුවීම භාග්‍යවතුන් වහන්සේට සැලකළා. භාග්‍යවතුන් වහන්සේ මෙසේ වදාළා.

"ගෘහපතිය, ඔය ගෘහසේවිකාව (දාසී) අවස්ථාවෝචිත ප්‍රඥාවෙන් යුක්ත වුණේ මේ ආත්මේ විතරක් නොවේ. කලින් ආත්මෙකත් ඔය සොරා ඇයව මරා ආභරණ පැහැරගන්ට මහන්සියක් ගත්තා. නමුත් බැරි උනා. ඒ වතාවෙත් ඇයගෙන් ම සොරා මරණෙට පත් වුණා."

"අනේ ස්වාමීනී භාග්‍යවතුන් වහන්ස, අපගේ දාසී කෙල්ල කලින් ආත්මේත් මේ වැඩේ ම කළේ කොහොමද යන වග මං දැනගන්ට කැමතියි. එය මට පවසන සේක්වා."

"ගෘහපතිය, ගොඩාක් ඉස්සර කාලේ බරණැස්නුවර බ්‍රහ්මදත්ත නමින් රජ්ජුරු කෙනෙක් රාජ්‍ය කරමින් සිටියා. ඔය කාලේ බරණැස සුලසා නමින් ඉතාම ප්‍රසිද්ධ නගරශෝභිනියක් සිටියා. ඈ ගොඩාක් ධනවත්. ඇයට

පරිවාර වෛශ්‍යා ස්ත්‍රීන් පන්සියයක් සිටියා. සුලසා සමඟ කෙනෙකුට රැයක් ගත කරන්ට රන් කහවණු දහසක් අය කරනවා.

ඒ බරණැස් නුවර ම 'සත්තුක' නමින් ඇතෙකුගේ සවිශක්තිය තියෙන මහා බලසම්පන්න සොරෙක් හිටියා. මේ සොරා රෑ ජාමෙට ධනවත් මිනිසුන්ගේ ගෙවල් බිඳ වස්තුව පැහැර ගන්නවා. මේ අනතුර වළකා ගන්ට බැරි තැනේ නගරවැසියෝ ගොහින් රජ්ජුරුවන්ට පැමිණිලා කළා. රජ්ජුරුවෝ නගරාරක්ෂයෝ කැඳෙව්වා.

"මිත්‍රවරුනි... තමුසෙලා කොහෝමහරි තැන් තැන් වල අපේ පිරිස් දම්මලා ඔය සත්තුකයාව අල්ලාගෙන හිස ගසා දමන්ට ඕනෑ."

"නගරාරක්ෂයෝ සොරාව අල්ලන්ට සූක්ෂ්ම විදිහට සැලසුම දියත් කළා. ඒ ගමන සොරා අහුවුණා. දැන් සොරාගේ දෑත් පිටුපසට කොට බැඳලා හතරමං හන්දියක් ගානේ කසෙන් තල තලා ගෙනියනවා. "ඔන්න... අර සොරා... අහුවුණා අහුවුණා" කියලා මුළු නගරය ම ඒකනින්නාද වුණා. "අන්න සොරා අහුවුණාලු... හැබෑට ම කවුද මේකා!" කියා සුලසාත් ජනේල කවුළුව හැර පහල වීදිය දෙස බැලුවා. සොරාව දුටු පමණින් සුලසා පිස්සු වැටුණා වගේ උනා. 'හප්පේ... ආං... හරීම ලස්සන, උස මහත, කඩවසම් තරුණයෙක් නොවැ. මට මේ වගේ කෙනෙක් එක්ක පවුල් කන්ට ලැබුණොත් මං මේ ජරා රස්සාවෙන් අයින් වෙනවා. මං මෙයා එක්ක විතර ම යි ජීවත් වෙන්නේ... හ්... හනේ... ඒත්... මං කොහොමෙයි මෙයැයිව නිදහස් කරලා හිටං මයෙ ළඟට ගන්නේ... ඕ... හ්...'

ඈ ප්‍රධාන නගරාරක්ෂකව හඳුනනවා. ඉතිං ඈ දාසියක අත රන් කහවණු දහසක් පිටත් කළා. 'මේ මගේ එක ම අයියණ්ඩි. මෙයාව බේරාගන්ට ම ඕනෑ. මයෙ පණකෙන්ද තියෙන්නේ මෙයැයි අනේ. බේරාගන්ට ඇහැක් ඕනෑම විදිහකින් බේරාදෙන්ට... මං තව සල්ලි එවන්නම්' කියලා ලියලා ඇරියා. නගරාරක්ෂකත් සල්ලි ගත්තා. උපායශීලීව සොරාව මරණයෙන් නිදහස් කළා. රහසේ ම සුලසා ළඟට පිටත් කෙරෙව්වා. දැන් සොරා ඉන්නේ සුලසා ළඟ. ඈට හරීම සතුටුයි. ඈ තමන්ගේ නොයෙක් අබරණ ආයිත්තම්වලින් සැරසි සැරසී සොරාව සතුටු කරනවා. මාස තුන හතරක් ගියා. දවසක් සොරා ඇගේ ආභරණ දිහා බලාගෙන කල්පනා කරනවා,

"ෂාහ්... ම්... මේකි ළඟ බොහෝම වටිනා අබරණ තියෙනවා එහෙනම් ඒ! මට හැමදාම මේකිත් එක්ක ඉන්ට බෑ. මං යනවා... හරි... අඩු ගණනේ කහවණු ලක්ෂයකවත් අබරණ අරගෙන මේකිවත් කම්මුතු කරලා තමයි මං යන්නේ."

දවසක් හොරා යහනේ සැතපී සිටිද්දී සුලසා ඇවිත් සොරාව වැළඳ ගත්තා. "මේ... මයෙ ආදර සොඳුරී... මගේ හිස අවුල් වෙලා වගේ."

"ඇයි රත්තරං... ඔයාගෙ හිස අවුල් වෙන්ට මොකුත් වෙලා නෑනේ. දැන් ඔයාට මොකුත් ප්‍රශ්නයක් නෑනෙ අනේ. කමෙක් නෑ... හරි... මොකක්ද ඔයාගෙ හිසරදේ?"

"මේකනේ කෙල්ලේ... එදා... ඔයාට මතකෙයි රාජපුරුෂයෝ මාව වධක භූමියට ගෙනිච්ච දා?"

"හම්මේ... මට මතක් කරන්ට එපා... මට දුකායි... හා... ම්... මං... එදා හඬා වැටුණා. මයෙ රත්තරං දුක් විඳිනවා දැකලා..."

"නෑ... කෙල්ලේ... මං මේ කියන්නේ... ඉතිං එදා මං වධකභූමියට යමිං ගමන බාරයක් වුණා අසවල් පරුවත මුදුනේ ඉන්න රුක්ෂ දේවතාවුන් වහන්සේට පූජාවක් තියනවා මයෙ ජීවිතය බේරාදෙන්ට කියලා. මං හිතන්නේ උන්නාන්සේගේ ආනුභාවයෙන් තමා ඔයා මේ විදිහට මාව බේරාගන්ට මැදිහත් වුණේ... ඉතින්... මට තවම බාරේ ඔප්පු කරන්ට බැරි වුණා. මට ඒ දේවතාවුන්නාන්සේ ස්වප්නෙන් පෙනී හිටලා කිව්වා ඉක්මනට බාරේ ඔප්පු කොරාපිය කියලා... හ්... හ්... මේක මතක් වෙද්දි මට නිකං... පිස්සු වගේ... ඒකයි!"

"ඕ... හ්... ම්... හ්... නෑ... නෑ... ඔයාට හිත කලබල කරගන්ට කිසිම දෙයක් නෑ රත්තරං... ඕක සුළු දෙයක්නේ. බාරෙට ඕන කරන කළමනා අපි පිටත් කොම්මුකෝ."

"බෑ කෙල්ලේ... එහෙම කරලා බෑ. එහෙම නොවෙයි වෙන්ට ඕනෑ. මං... මයෙ ආදර ප්‍රියම්බිකාවත් එක්ක, ඒ කියන්නේ අපි දෙන්නම සියලු අබරණවලින් සැරසිලා පිරිවරත් එක්ක ගරුසරු ඇතිව යං."

"හරි... හරි... එහෙනං අපි එහෙම කොම්මු."

ඉතිං මේ දෙන්නා සර්වාභරණයෙන් සැරසී පිරිවරත් එක්ක කන්ද පාමුලට යන කල් ගියා. "කෙල්ලේ... මේ...."

"ඇයි මයෙ ස්වාමී?"

"මේ... අපි මේ යන්නේ සෙල්ලං ගමනක් නෙවි. මේ පිරිවර සේනාව දැකලා දේවතාවුන්නාන්සේ අසතුටු වුණොත් බාරේ වරදීවි. අපි දෙන්නා විතරක් කඳු මුදුනට ගොහිං බාරේ ඔප්පු කොරලා පාඩුවේ විවේකෙන් එමු."

සුලසාත් ඒ අදහසට එකතු වුණා. මහජනයා කඳු පාමුල නැවැත්තුවා. පූජා භාජනෙත් ඔසොවාගෙන හෙමින් හෙමින් කඳු මුදුනට නැග්ගා. සොරා පංචායුධයෙන් තමන් ම සන්නද්ධ වුණා. සියක් පුරුෂයන්ගේ ප්‍රමාණයට ගැඹුරැති බිහිසුණු ප්‍රපාතය අයිනේ පැලවී තියෙන රුක් මුල පූජා වට්ටිය තිබ්බා. හයියෙන් හිනැහෙන්ට පටන් ගත්තා. "හහ්... හහ්... හාහ්... ඒ? සුලසා! මෝඩ ගෑණියේ ඒ! මෙතැන ඇති කෙහෙම්මල් බාරයක් නෑ... හහ්... හා... මෝඩී ඒ! මෙතන තියෙන්නේ තිගේ අවසානය... හරි ඒ? හරි... දැන් ඉතිං සුනංගු බෑ... ඉක්මන් කොරාපිය... ඔව්... වහා... ම...! එකක් නෑර ඔය ආභරණ ගලෝපිය... ඔය උතුරු සළුවෙන් පොදියක් බැඳපිය... මොකෝ... මේ... ඔව්... වහා...ම. මොකෝ තී මේ බිරාන්ත වෙලා... දෑස් ලොකු කොරාන, කට බලියාගෙන... ඒ?"

"ආහ්... හ්... හනේ... ඇයි ර... රත්තරං ඔ... ඔයාට මේ... ම... මක් උනාද දෙයියෝ!"

"හාහ්... හා... මේ ගෑණියේ කියන දේ කොරපිය... මට තිගෙන් වැඩක් නෑ... හහ්... හා... මට ඕනෑ වස්තුව විතරයි. හරි ඒ!"

"අ... අනේ... ඇ... ඇයි මයෙ දෙයියා එහෙම කියන්නේ? මං නෙ ඔයාව වධක භූමියට ගෙනියද්දි... බේ... බේරගත්තෙ. මට ඒකට ගො... ගොඩාක් වියදම් උනා... මට දිනපතා කහවණු දහසක් උපයන්ට... පුළුවන්කම

තියෙද්දි... ඔයා නිසා මං... ඒ හැම දෙයක් ම අත්හැරියා... අනේ සත්තයි මයෙ දෙයියා... මට ඔයා විතරයි දෙයියො ඉන්නේ... අනේ... මේ තරම් ඔයා වෙනුවෙන් කැපවුණු මාව මරන්ට එපා... අනේ මං... ඔයාට ඕන තරං වස්තුව දෙන්නං... මං දාසියක් වගේ ඉන්නම්... අහෝ ආහ්!" කියා මේ පළමු ගාථාව පැවසුවා.

(1). අනේ මයේ දෙයියො ඔයා -
මේ අබරණ හැම දෙයක් ම ගන්න
රන් මාලා මිණිනූපුර -
වෛරෝඩිත් හැම දෙයක් ම ගන්න
අතේ කරේ ඇති මිණිමුතු -
මයෙ දෙයියෝ හැම දෙයක් ම ගන්න
අනේ මට දාසි වෙලා ඉන්න දෙන්න -
ඒ වචනය විතරක් මට දෙන්න

එතකොට සොරා ඇගේ යාදිනි කිසිවක් ගණනකට ගත්තෙ නෑ. මහජනයා මැද්දට ගොහින් "තී මගේ දාසියක්" කියා කියන වචනය දෙන්ට පවා කැමැති වුණේ නෑ. සොරා මේ ගාථාවෙන් පිළිතුරු දුන්නා.

(2). එම්බල ලස්සන ගෑණියේ තී -
ඔය විකාර විලාප දැන්වත් නවතාපන්
අතේ කරේ කනේ තියෙන -
හැම දෙයක් ම හනිකට ගලවාපන්
දැන් පොට්ටනියක් බැඳ සියල්ල -
මා කියනා අන්තිම දේ අසාපන්
පැහැර ගනිද්දී වස්තුව ඒ කවුරුත් -
නොමැරූ බව මං දන්නෑ ඒ බව තී දැනගනින්

හොරා ඉන්නේ තමන්ගේ අදහසේ ම යි. සුලසාටත් සැණෙකින් මේ භයානක තත්වයට මුහුණ දෙන්ට ඕන හැටි හිතට ආවා. 'ම්... හරි... එතකොට මූ මාව මරන්ට ම යි හදන්නේ. ඊට කලින් මං මූව ප්‍රපාතෙන් පහළට තල්ලු කරන්ට ඕනෑ' කියා සිතා මේ ගාථා දෙක පැවසුවා.

(3). අනේ මටත් මයෙ අතීතෙ -
දිගටම දැන් සිහිපත් වෙනවා
යමක් කමක් තේරුණ දා පටන් ම මම -
කරපු කියපු හැම දෙයක් ම සිහි වෙනවා
මාත් දන්නෙ නෑ ම යි මයෙ දෙයියෝ -
ඔයා තරම් මයෙ සිත ගත්
වෙනත් කිසිම මිනිහෙක් ගැන -
මං දන්නෑ දන්නෑ මයෙ දෙයියෝ

(4). හරි මයෙ දෙයියෝ එහෙනම් -
එක දේකට විතරක් මට අවසර දෙන්න
මට ඕනෑ ඔයා වැළඳගන්න -
එක මොහොතක් මයේ ළඟට එන්න
මං දන්නව දැන් මෙතැනින් පස්සේ -
ඔයා එක්ක එක්වීමක් නැත්තේ

"හහ්... හා... මෝඩී... තී එහෙනම්... අවසාන වතාවට මාව වැළඳගන්ට ආසයි ඒ? හහ්... හා... හරි... එහෙනම් ඕං... හිතේ හැටියට වැළඳ ගං."

එතකොට සුලසා සොරාව තුන් වටයක් පැදකුණු කළා. වැළඳගත්තා. "හ්... ම... මයෙ දෙයියෝ... ඔයාට මං සතර පැත්තෙන් ම වන්දනා කරන්ට ඕනෑ" කියලා පා මත හිස තියා වැන්දා. ඊට පස්සේ අත් තියෙන පැත්තට වැන්දා. ඊට පස්සේ පිටුපසින් වඳින බවක් පෙන්නා

මහත් වීරියක් ගෙන හිස යටට හරවා ප්‍රපාතයෙන් පහළට
සොරාව තල්ලු කළා. පහළට වැටුණු සොරා පර්වතයේ
ගල්පරවල වැදී කෑලි කෑලිවලට කැඩී ගියා. ඇගේ ක්‍රියාව
දුටු පර්වත මුදුනේ සිටි දේවතාවා මේ ගාථාවන් පැවසුවා.

(5).   හැම විටක ම හැම තැනක ම -
         පිරිමියා විතරක් ම ලොවේ
නුවණැතියෙක් වෙන්නේ නෑ -
         නුවණැතියෙක් වෙන්නේ නෑ
ඇතැම් ඇතැම් තැන්වලදී -
         ගැහැණි පවා නුවණැතියක වෙනවා
යොදා ඇගේ නුවණ සොඳින් -
         ඈ මැනවින් ගැටළු විසඳ ගන්නවා

(6).   හැම විටක ම හැම තැනක ම -
         පිරිමියා විතරක් ම ලොවේ
නුවණැතියෙක් වෙන්නේ නෑ -
         නුවණැතියෙක් වෙන්නේ නෑ
ඇතැම් ඇතැම් තැන්වලදී -
         ගැහැණි පවා නුවණැතියක වෙනවා
ගැටළු වහා හඳුනාගෙන -
         හොඳින් සිතා ඈ විසඳුම් ගන්නවා

(7).   පමා නොවී හනි හනිකට -
         ඔහු මරන්ට ඈ උපාය සිතුවා
මුව වැද්දා දක්ෂ ලෙසින් දුන්නෙන් විද -
         දුවන මුවා මරා දමන විලසේ
සත්තුකයා වනසා දැම්මා සුලසා -
         නුවණ යොදා ඉතා දක්ෂ ලෙසේ

(8). යමෙක් ලොවේ ගැටළු හැදෙන විට -
සැණෙකින් එය වටහා නොගනී නම්
ඒ තැනැත්ත වැනසී යනවා - වැනසී යනවා
ප්‍රපාතයෙන් වැටී මෝඩ හොරා -
මිය පරලොව ගිය විලසේ

(9). යමෙක් ලොවේ ගැටළු හැදෙන විට -
එයින් මිදෙන උපා දනී නම් සැණෙකින්
කරදරයෙන් ඔහු නිදහස් වන්නේ - නිදහස් වන්නේ
සත්තුකගේ දරුණු ග්‍රහණයෙන් -
ගැලවී ගත් සුලසා විලසේ

ඊට පස්සේ සුලසා හෙමින් හෙමින් තනියම පහළට බැස්ස විට ජනයා මෙහෙම ඇසුවා. "භවතී... අපගේ ආර්යපුත්‍රයා කෝ?"

"හත්... ආර්යපුත්‍රයා... ඕකා ගැන ආයෙත් මගෙන් අහනවා නොවෙයි ඕං" කියා ගිහින් අශ්ව කරත්තෙට ගොඩ වෙලා සිය නිවසට ගියා.

මේ කතාව වදාළ භාග්‍යවතුන් වහන්සේ චතුරාර්ය සත්‍ය ධර්මය දේශනා කොට වදාළා. "ගෘහපතිය, එදා සුලසාව වෙලා සිටියේ ඔබගේ නිවසේ සිටින මෙහෙකාරියයි. සත්තුක සොරාව සිටියේ ඇගේ අතින් මේ ආත්මයේත් මැරුම් කෑ සොරායි. කඳු මුදුනේ සිට එදා ඒ සිද්ධිය දුටු දේවතාවා වෙලා සිටියේ මම" යි කියා භාග්‍යවතුන් වහන්සේ මේ ජාතකය නිමවා වදාළා.

04. සුමංගල ජාතකය
සුමංගල නමැති උයන්පල්ලාගේ කතාව

පින්වතුනේ, පින්වත් දරුවනේ,

අපගේ භාග්‍යවතුන් වහන්සේ ලෝකයට පහළ වූයේ චතුරාර්ය සත්‍ය ධර්මය දේශනා කොට දෙවිමිනිසුන්ව සසර දුකින් නිදහස් කරවීමට යි. ඒ වගේ ම අප භාග්‍යවතුන් වහන්සේ තුළ සාමාන්‍ය පොදු ජනයා කෙරෙහි මහත් දයානුකම්පාවක් තිබුණා. ඒ නිසා ම කොසොල් රජතුමාට වරින් වර රට පාලනය කළ යුතු ආකාරය පැහැදිලි කරදෙනු පිණිස දහම් කතාවන් වදාළා. මෙයත් එබඳු කතාවක්.

ඒ දිනවල අපගේ භාග්‍යවතුන් වහන්සේ වැඩ වාසය කොට වදාළේ සැවැත් නුවර ජේතවනයේ. එදා කොසොල් රජතුමා පැමිණ භාග්‍යවතුන් වහන්සේට වන්දනා කොට එකත්පස්ව වාඩි වුණා. භාග්‍යවතුන් වහන්සේ කොසොල් රජුට මෙසේ වදාළා.

"මහරජතුමනි, රජෙකු හැටියට රටක ජනතාවට සෙත සැලසීමේදී ඔවුන්ගේ දුර්වලකම්, අතපසුවීම් ගැනත් අනුකම්පාවෙන් බැලිය යුතුයි. පෙර රජදරුවන් පවා තම රටවැසියන්ගේ දුර්වලතාවලට ඉතා ඉවසීමෙන්

යුක්තව ප්‍රතිචාර දක්වා තිබෙනවා" කියා මේ අතීත කතාව ගෙනහැර දක්වා වදාළා.

"මහරජ, ගොඩාක් ඉස්සර කාලෙක බරණැස්නුවර බ්‍රහ්මදත්ත නමින් රජ්ජුරු කෙනෙක් රාජ්‍ය කරමින් සිටියා. ඔය කාලේ මහාබෝධිසත්වයෝ ඒ රජ්ජුරුවන්ගේ අගමෙහෙසිය කුස පිළිසිඳ ගත්තා. බෝසත් කුමාරයාට නිසි කලවයසේදී පිය රජුගේ අභාවයෙන් පස්සේ රටේ රජකම ලැබුණා. මේ අලුත් රජතුමා නිතර මහ දන් පැවැත්තුවා.

ඔය කාලේ හිමාල වනයේ නන්දමූලක පර්වත ප්‍රාන්තයේ වැඩහුන් එක් පසේබුදුවරයන් වහන්සේ නමක් මිනිස් පියසට වැඩියා. පිළිවෙළින් චාරිකාවේ වැඩලා බරණැස් නුවරටත් වැඩියා. රජ්ජුරුවන්ගේ උයනට වැඩලා පසුවදා නගරයට පිඬු සිඟා වැඩියා. මාළිගයේ උඩුමහලේ සිටි රජ්ජුරුවන්ට මේ පසේබුදුවරයන් වහන්සේව දැකගන්ට ලැබුණා. දුටු පමණින් ම උන්වහන්සේ ගැන සිත පැහැදුනා. රාජ මාළිගයට වඩම්මවා ගත්තා. රාජාසනේ වඩා හිඳෙව්වා. නොයෙක් සූප ව්‍යඤ්ජනයන්ගෙන් යුක්ත වූ රාජ භෝජන උන්වහන්සේට පිරිනැමුවා. දිගටම රජ්ජුරුවන්ගේ උයනේ වැඩ ඉන්ට කියා උන්වහන්සේට ආරාධනා කළා. පසේබුදුවරයන් වහන්සේත් ඒ ඇරයුම පිළිගත්තා. රජ්ජුරුවෝ ගොඩාක් සතුටු වුණා. තමාත් ආහාර අනුභව කොට උයනට ගියා. පසේබුදුවරයන් වහන්සේට සුවසේ වැඩ හිඳින්ට කුටි සෙනසුන්, සක්මන් මළු ආදිය ඉදිකිරීමට පිරිසට පැවරුවා. තමන්ගේ උයන භාර උයන්පල්ලා වන සුමංගල නැමැත්තා ඇමතුවා.

"සුමංගල, මේ මිත්‍රයා... අපේ තෙරුන්නාන්සේව

ආදරයෙන් බලා කියා ගන්ට ඕනෑ. හොඳින් සොයා බලා ඇප උපස්ථාන කරන්ට ඕනෑ හොඳේ" කියා සුමංගලට ඒ කටයුතු පවරා පිටත්ව ගියා. එදා පටන් සුමංගලත් පසේබුදුවරයන් වහන්සේට හොඳින් සත්කාර කළා. උපස්ථාන කළා.

දවසක් පසේබුදුවරයන් වහන්සේ උයන්පල්ලාට කතා කළා. "පින්වත... මං ටික දොහක් නැවතීමට අසවල් ගමට වඩිනවා. අපේ රජ්ජුරුවන්ටත් ඒ බව දැනුම් දෙන්ට හොඳේ!" කියා පිටතට වැඩියා. සුමංගලත් ඒ කාරණය රජ්ජුරුවන්ට දැනුම් දුන්නා.

පසේබුදුවරයන් වහන්සේ ටික දවසක් ඒ ගමේ වැඩ ඉඳලා නැවතත් බරණැසට වැඩියා. වඩිද්දී සැහෙන්ට සවස් උනා. උයනට වඩිද්දී රෑ බෝ උනා. සුමංගල මේ වගක් දන්නේ නෑ. ඔහු වෙනදා වගේම සවස් වෙද්දී ගෙදර ගියා. පසේබුදුවරයන් වහන්සේත් පා සිවුරු කුටියේ තැන්පත් කරලා ටිකක් සක්මන් කළා. ඊට පස්සේ ගල් පුවරුවේ වාඩිවෙලා හිටියා.

එදා හදිසියෙන් ම උයන්පල්ලාගේ ගෙදරට ආගන්තුක හිතවතුන් පිරිසක් ආවා. ඔවුන්ට මුව මසින් සංග්‍රහ කරන්ට ඕනෑ කියලා සුමංගලට සිතුණා. ඒත් මේ රෑ වෙන කොහේ දඩයම් යන්ට ද. මොහු සිතුවා අභය දානය ලබාගෙන උයනේ හැසිරෙන මුවෙක්ව මරාගන්ට ඕනෑ කියලා. මොහු දුනු ඊතලත් අරගෙන උයනට ගොඩ උනා. මුවෙකුට කුරුමානම් අල්ලාගෙන යද්දී ලොකු මුවෙක් ඉන්නවා දැක්කා. දැකලා වේගයෙන් වදින්ට තියුණු ඊයක් විද්දා. එතකොට ම පසේබුදුවරයන් වහන්සේ හිස වසා හුන් සිවුර පහත් කොට "ඕහ්... සුමංගල" කියා වදාළා.

"අනේ... අයියෝ... ස්වාමීනී... මං... මං... රැවටුණා. අයියෝ මයෙ දෙයියෝ... මං හිතුවේ මුවෙක් කියලා... ඒකයි මං වි...විද්දේ... අනේ මයෙ ස්වාමීනී... අනේ නොදැන කළ වැරැද්දට මට සමාව දෙන සේක්වා" කියා සුමංගල හඬාගෙන වැඳ වැටුණා.

"හෝ... සුමංගල... කමෙක් නෑ... ඒකට කමෙක් නෑ. මොනා කරන්ට ද... ඉතිං ඕවා ඔහොම තමයි. කෝ... සුමංගල මෙහෙට එන්ටකෝ... එහෙනම්... ම්... මේ ඊය... ඇඟෙන් උදුරලා ගන්ට."

හඬ හඬා ඇවිත් සුමංගල ඊය ඉදිරුවා. පසේබුදුවරයන් වහන්සේ ඒ මහා බලවත් වේදනාව ඉවසා වදාළා. උන්වහන්සේ එතැන ම පිරිනිවන් පා වදාළා. සුමංගලට හැමදෙයක් ම අමතක වුණා. අහස කඩා වැටෙනවා කියලා සිතුණා. ඔහු ඉක්මනින් ම ගෙදර දිව්වා. 'ම්... දැන් රජ්ජුරුවෝ දැනගත්තොත් මයෙ කෑලිවත් ඉතුරු වෙන්නෑ' කියා සිතා අඹුදරුවන් රැගෙන එදා රෑ ම වෙන ඈත පළාතකට පලා ගියා.

"අහෝ... අපගේ පසේබුදුවරයන් වහන්සේ පිරිනිවන් පෑ සේක" කියා දෙවිවරු කම්පා වුණා. දේවානුභාවයෙන් මුළු මහත් බරණැස් නගරය ම ඒකකෝලාහලයක් වුණා. පසුවදා උදේ ම මිනිස්සු හඬා වැලපෙමින් උයනට දිව්වා. පසේබුදුවරයන් වහන්සේ පිරිනිවන් පා සිටින ආකාරය දැක්කා. "අයියෝ දේවයන් වහන්ස, අර සුමංගලයා පසේබුදුවරයන් වහන්සේව ඝාතනය කොට පලා ගිහිං" කියා රජ්ජුරුවන්ට සැලකළා.

රජ්ජුරුවෝ ඉක්මනින් ම උයනට සැපත් වුණා. පසේබුදුවරයන් වහන්සේගේ ශරීරයට සත් දිනක් පුරා

සත්කාර පැවැත්තුවා. මහත් වූ සත්කාරයෙන් ආදාහන පූජෝත්සවය සිදු කළා. ධාතූන් වහන්සේලා රැගෙන ස්ථූපයක් බැන්දෙව්වා. ඒ ස්ථූපයට නිතිපතා පුද සත්කාර කරමින් දැහැමින් රාජ්‍ය පාලනයේ යෙදුණා.

සුමංගල පලා ගොහින් අවුරුද්දකට පස්සේ හොරෙන්ම ඇවිත් එක්තරා ඇමතියෙක්ව මුණ ගැසුණා. "අනේ මිත්‍රයා... අපගේ පසේබුදුවරයන් වහන්සේට මං හිතා මතා යාන්තමින්වත් වැරැද්දක් කළේ නෑ මිත්‍රයා නමුත්... මේං මේකයි උනේ .... අනේ අපගේ දේවයන් වහන්සේ මං ගැන කොහොම සිතා ඉන්නවා ද දන්නෑ."

"ඇත්ත සුමංගල... ඔහේ සිතා මතා වරදක් කරලා නෑ තමයි. කෝකටත් මං අපේ දේවයන් වහන්සේට ඔහේ ගැන කියා බලන්නම්" කියලා ඇමතියා කිව්වා.

ඉතින් ඇමතියා ගිහින් රජ්ජුරුවෝ බැහැදැක විවේකයෙන් ඉන්නා අවස්ථාවේ සුමංගලගේ යහපත් ගුණ කියන්ට පටන් ගත්තා. එතකොට රජ්ජුරුවෝ ඇමතියා දෙස බැලුවේවත් නෑ. එක බැල්මකින්වත් ප්‍රතිචාර දැක්කුවේ නෑ. සුමංගල රජුගෙන් හොඳ ප්‍රතිචාරයක් රැගෙන ඇමතියා එනතුරු මග බලා සිටියා. "මේ සුමංගල... අපේ දේවයන් වහන්සේ ඔහේ ගැන වචනයක් කතා කරනවාට කැමති නෑ. ඒ නිසා මාත් වැඩිය කියන්ට ගියේ නෑ" කියා ඇමතියා ඇවිත් කීවා. සුමංගල ආපසු හැරී ගියා. තවත් අවුරුද්දක් ගෙවී ගියා. දෙවසරකට පස්සේ සුමංගල ඇවිත් ආයෙමත් ඇමතියාව මුණ ගැසුණා.

"මිත්‍රයා... තව පාරක් අපේ දේවයන් වහන්සේ ළඟට ගිහින් උත්සාහයක් ගන්නවා ද!" එතකොට ඔහු

ආයෙමත් දවසක රජ්ජුරුවෝ ළඟ වාඩි වී සිටිද්දී සුමංගල ගැන කතාව ඇදලා ගත්තා. ඒ පාරත් රජ්ජුරුවෝ ඒ කතාවට යාන්තමින්වත් ඇහුම්කන් දුන්නේ නෑ. සුමංගල ආපහු හැරිලා ගියා. තවත් අවුරුද්දක් ගෙවුණා. දැන් තුන් අවුරුද්දක් වුණා. සුමංගල හොඳටෝම අසරණ වෙලා ඉන්නේ. අන්තිමේ බැරිම තැන සුමංගල දරු මල්ලන් එක්ක බරණැසට ආවා. ඇමතියාටත් තේරුණා දැන් සුමංගල ගැන රජ්ජුරුවෝ ටිකාක් මෘදුයි කියා. එතකොට ඇමතියා සුමංගලව කැඳවාගෙන ගිහිං රජගෙදර දොරටුව ළඟ රඳවා ඔහු ඇවිත් ඉන්නවා ය කියා රජ්ජුරුවන්ට දැනුම් දුන්නා.

රජ්ජුරුවෝ ඒ වතාවේ ප්‍රතිචාර දැක්වුවා. "හෝ... සුමංගලයා ඇවිත් එහෙනම් ඒ? හා එහෙනම් එන්ට කියමු."

සුමංගල හයේ ගැහි ගැහි ඇවිත් රජ්ජුරුවන්ට වන්දනා කළා. "සුමංගල, දැන් තෝ ඇත්ත කියාපිය. මගේ උත්තම පින්කෙත වූ අපගේ පසේබුදුවරයන් වහන්සේව ඇයි තෝ ඝාතනය කළේ? ඔව්... කියාපිය දැන්."

"අනේ මගේ දේවයන් වහන්ස, අපගේ උතුම් පසේබුදුවරයන් වහන්සේගේ සිවුරු කොනකටවත් හානියක් කරන අදහසක් මයෙ සිතේ තිබුණේ නෑ .... ඉතින්.... ඕන්න ඔහෝමයි වුණේ දේවයන් වහන්ස. අනේ නොදැනුවත්කොමින් වූ වරදට මේ ගැත්තාට සමාව දෙන සේක්වා!"

"ම්... එහෙනම් දැන් මොනා කරන්ට ද... හරි... දැන් තෝ හය ගන්ට කාරි නෑ. තෝ අද පටන් සැනසිල්ලේ හිටිං. හෙට පටන් උයනේ රාජකාරි භාර ගනිං" කියලා

සුමංගලට සමාව දීලා කලින් වගේ උයනේ රාජකාරි පැවරුවා.

එතකොට ඇමතියා රජ්ජුරුවෝ සමඟ පිළිසඳර කතා කරමින් මේ ප්‍රශ්නය ඇසුවා.

"දේවයන් වහන්ස, මං දෙවතාවක් ම සුමංගලගේ ගුණ කීවා. නමුත් ඔබවහන්සේ ඒ ගැන කිසි ගණනකට ගත්තේ නෑ. තුන්වෙනි වාරේ කිව්වා ම එයැයිව කැඳවා බොහෝ ම අනුකම්පාවෙන් සැලකුවා. එහෙම වෙනස් වුණේ කොහොමෙයි?"

"මේකනේ දරුවෝ... රජෙක් වුණාම කේන්ති ගත් වෙලාවට කෝප සිතින් කලබලේට මොකොවත් කරන්ට නාකයි. ඒකයි මං දෙවංගියක් ම නිස්සද්දව උන්නේ. සුමංගලයා ගැන දැන් මයෙ සිත මොළොක් වී තියෙන බව මට තේරුණා. ඊට පස්සෙ තමයි එයැයිව මයෙ ළඟට කැඳෙව්වේ" කියා මේ ගාථාවන් පැවසුවා.

(1). හොඳටම කෝප වෙලා ඉන්නේ මං -
කියා කෝප සිතින් බලා
වහ දඬුවම් පැමිණවීම -
රජෙක් නොකළ යුතු වන්නේ
හේතු යුක්ති නොම විමසා -
අනුන්ට දඬුවම් දීමට
කලබලයෙන් අණ දීමෙන් -
ජනයා දුකට ම යි වැටෙන්නේ
එලෙසින් කටයුතු කිරීම -
රජෙකුට නෑ ගැලපෙන්නේ

(2)

රජෙකුගෙ සිත පැහැදුණ විට -
      යම් කලකදි ජනයා ගැන
එවිට ඔවුන් කරපු වරද - පැවසිය යුතු වන්නේ
නිවුනු සිතින් යුතුව රජුත් - වරදේ ඇති තතු විමසා
ඊට සුදුසු වන දඬුවම - නිසි ලෙස පවසන්නේ

(3)

කැමැත්තෙන් ද ද්වේෂයෙන් ද -
      භයෙන් මෙන්ම මෝහයෙන් ද
අගතියකට යන්නෙ නැතිව -
      හේතු යුක්ති නුවණින් විමසන්නේ
තමාට හෝ අනුන්ට හෝ - පීඩාවක් නොවන පරිදි
වැරැද්ද නිසි ලෙස විමසා - දඬුවම් ලැබ දෙන්නේ
එබඳු රජෙකු කිසිම කලක -
      ජනයා හට එපා නොවන්නේ

(4)

කෝප සිතින් කලබල වී -
      නොසොයා නොබලා ඇති තතු
හිතුමනාපෙ දඬුවම් දෙන - රජෙක් රජ කළෝතින්
ජනයාගෙන් ගැරහුම් ලබමින් -
      අසරණ වී ඔහු මරණෙට පත්වන්නේ
එබඳු රජෙක් මිය ගිය විට - නිරයේ උපදින්නේ

(5)

දැහැමි රජවරුන් පැවසූ - දස රාජ ධර්ම මැනවින් දැන
යහපත් ලෙස රජකරන්ට - රජවරු පෙළඹෙත් නම්
සිතින් කයින් හා වදනින් - ඔවුන් උතුම් වන්නේ
සිල් සමාධි ගුණෙන් යුතුව - රජවරු දැහැමින් රජකොට
දේව මිනිස් ලෝක දෙකෙහි - යහපතයි ලබන්නේ

(6)

මගේ රටේ ගැහැණුන්ගේ හා මිනිසුන්ගේ -
ස්වාමියා වූ රජු වෙමි මම්
කෝප සිතින් සිටියත් මං කිසි විටකදි -
නීතිගරුක වෙමි හැම විට
නොමගින් වලකා ජනයා - අනුකම්පා කොට ඔවුන්ට
නුවණින් යුතු අයුතු පසිඳ - දඬුවම් සලසමි මම්

බෝසත් රජ්ජුරුවෝ ඔය අයුරින් ගාථා හයකින් රජෙක් හැටියට තමා රජකරන ආකාරය පවසා සිටියා. එතකොට බලවත් සේ තුටු පහටු වූ රාජ පිරිස රජ්ජුරුවන්ට නොයෙක් අයුරින් ප්‍රශංසා කළා. එතකොට සුමංගල උයන්පල්ලා නැගිට්ටා. රජ්ජුරුවන් දෙසට වන්දනා කරගත්තා. රජ්ජුරුවන්ගේ ගුණයට ස්තුති කරමින් මේ ගාථාවන් පැවසුවා.

(7)

පින්වත් රජතුමනි අපේ - සියලුම පිරිවර සැපතත්
විමසා බලනා නුවණත් -
කිසිදා ඔබගෙන් වෙන් නොමවේවා
කෝප ක්‍රෝධ තරහ නැතිව - නිතර පහන් සිතින් සිටින
ඔබ නිදුක්ව නීරෝගව - සුවසේ සියවසක් ම රජ කරාවා

(8)

පින්වත් රජතුමනි අපේ - මේ උතුම් ගුණදමින් බැබලී
උදාර පැවතුමෙන් යුතුව - අන් අයට ද සවන් දෙමින්
තරහ කෝප බවක් නැතිව - මහජනයා පෙළන්නැතිව
සුවසේ රට පාලනය කෙරේවා -
මෙලොව ද යහපත රැස්කොට
මෙයින් මිදී ගිය කලකදි - සුගති උපත වේවා

(9)

නීතිගරුක වී හැම විට - මිහිරි කතාවෙන් සතුටුව
සුචරිතයෙන් කල්ගෙවමින් - ජනයා හට සෙත සදමින්
ජනයාගේ දැවෙන ගැටළු - නිවා දමනු මැනවී
ඇද හැලෙනා විට මහ වැසි -
පොළොව නිවෙන ලෙස ජලයෙන්
ජනයා හට සෙත සදමින් - රජකම් කළ මැනවී

මෙය වදාළ භාග්‍යවතුන් වහන්සේ රාජ්‍ය පාලනයේ දී රජෙකුගෙන් ඉටුවිය යුතු කාර්යභාරය පැහැදිලි කොට ධර්ම දේශනා කොට වදාළා. "මහරජුනි, එදා සුමංගල උයන්පල්ලා වෙලා සිටියේ අපගේ ආනන්දයෝ. දැහැමි රජුව සිටියේ මම" යි කියා භාග්‍යවතුන් වහන්සේ මේ ජාතකය නිමවා වදාළා.

05. ගංගමාල ජාතකය

ගංගමාල පසේබුදුවරයන් වහන්සේගේ කතාව

පින්වතුනේ, පින්වත් දරුවනේ,

මේ කතාව පුදුමාකාර ලස්සනකින් යුක්තයි. නුවණැති සත්පුරුෂයන් ලාමක ගතිගුණ අත්හැර ඉක්මනින් උතුම් දේ කරා යන හැටි මේ කතාවෙන් අපූරුවට කියවෙනවා.

ඒ දිනවල අපගේ භාග්‍යවතුන් වහන්සේ වැඩ වාසය කොට වදාළේ සැවැත් නුවර ජේතවනයේ. දවසක් උපෝසථ සිල් සමාදන් වූ උපාසක පිරිසක් භාග්‍යවතුන් වහන්සේ බැහැ දැක වන්දනා කොට එකත්පස්ව සිටියා. එතකොට භාග්‍යවතුන් වහන්සේ ඔවුන් උපෝසථ සිල් සමාදන්ව සිටීම ගැන ප්‍රශංසා කොට වදාළා.

"උපාසකවරුනි, බොහෝම අගෙයි. සාදු... සාදු... ඉතාම යහපත් දෙයක් ඔබ ඔය තමන්ට කරගත්තේ. ඒ වගේ ම උපෝසථ සිල් සමාදන් වෙලා දන් දෙන්ටත් ඕනෑ. සිල් රක්ෂා කරන්ටත් ඕනෑ. ඒ වගේ ම තරහා ක්‍රෝධ සිතක් උපදවා ගන්නැතිව ඉන්ටත් ඕනෑ. මෙත් සිත් පතුරුවාගෙන ඉන්ටත් ඕනෑ. අන්න එහෙමයි උපෝසථයේ යෙදිය යුත්තේ. ඔය උපාසකවරු දන්නවා

ද ඉස්සර කාලේ හිටපු නුවණැති පණ්ඩිතවරු එක් අර්ධ උපෝසථයක් සමාදන් වීමෙන් මහා සැප සම්පත් ලබා තියෙනවා."

"අනේ භාග්‍යවත් බුදුරජාණන් වහන්ස, අපට ඒ කතාව මෙතෙක් අහන්ට ලැබී නෑ. අප කෙරෙහි අනුකම්පා කොට ඒ කතාව අපට කියාදෙන සේක්වා."

"උපාසකවරුනි, ගොඩාක් ඉස්සර කාලෙක බරණැස්පුරේ බ්‍රහ්මදත්ත නමින් රජ්ජුරු කෙනෙක් රාජ්‍ය කරමින් සිටියදී ඒ නගරේ සුචිපරිවාර නමින් මහසිටාණ කෙනෙක් වාසය කළා. අසූ කෝටියක මහා ධනසම්පත් ඇති මේ සිටාණෝ දානාදී පින්කම්වල නිරන්තරයෙන් ම යෙදෙනවා.

ඒ වගේ ම මේ සිටාණන්ගේ අඹුදරුවෝ, පිරිවර ජනයා කොටින් ම සිටු ගෙදර ගවපට්ටි බලාගන්නා උදවිය පවා සෑම මාසයක ම සය දිනක් උපෝසථ සිල් සමාදන් වෙනවා.

ඔය කාලේ මහා බෝධිසත්වයෝ එක්තරා දිළිඳු පවුලක ඉපදිලා කුලී වැඩ කරමින් ජීවත් වුණා. දවසක් මොහු කුලී වැඩක් සොයාගන්ට සුචිපරිවාර සිටු මැදුරට ගියා. ගිහින් සිටුතුමාට වැඳලා එකත්පස්ව සිටගත්තා. "මොකෝ දරුවෝ... මෙහේ ආපු කාරණේ මොකක්ද?"

"සිටුතුමනි, මං මේ ආවේ තමුන්නාන්සේගේ සිටු මැදුරේ මොකාක්හරි කුලී වැඩක් තියේදැයි බලන්ටයි."

"හොඳයි දරුවෝ... තමන්ට කරන්ට ඇහැක් වැඩපල සොයා බලා වැඩ කරන්ට. ඒක හොඳා."

වෙනදාට වැඩ හොයාගෙන එන මිනිසුන්ව වැඩට ගන්ට කලිං "හැබැයි පුතෝ.... මෙහෙ වැඩ කරනවා නං අනිවාර්යයෙන් ම සිල් රකින්ට පුළුවන් වෙන්ට ඕනෑ ඕං" කියලා නීතියක් පනවනවා. නමුත් බෝධිසත්වයන්ට ඒ කිසිම නීතියක් නොපනවා කෙලින් ම වැඩට ගත්තා. එදා පටන් මේ තරුණයා කියන ඕනෑම වැඩ කටයුත්තක් වෙහෙස නොබලා කරනවා. හරිම කීකරුයි. තමන්ගේ වෙහෙස ගණන් නොගෙන සෑම දෙයක් ම සොයා බලා කරනවා. උදේ ම වැඩට යනවා. සවසට යි ආපසු සිටු ගෙදරට එන්නේ.

දවසක් බරණැස් නුවර උත්සව සැණකෙළියක් ආවා. සිටුතුමා දාසියට කතා කළා. "කෙල්ලේ, අද උපෝසථ දවස. අද වේලාසනින් ම බත් උයලා ගෙදර වැඩ කරන හැමෝටම දෙන්ට ඕනෑ. එතකොට එයාලා වේලාසනින් ආහාර අනුභව කරලා හිටං උපෝසථ සිල් සමාදන් වේවි." නමුත් අද උපෝසථ දවස ය කියා බෝධිසත්වයන්ට කවුරුවත් කීවේ නෑ. ඒ නිසා ඔහු ඒ වගක් දැන සිටියේ නෑ. වෙනදා වගේ ම පාන්දරින් නැගිටලා වැඩට ගියා. අනිත් කම්කරුවෝ හැමෝම උදෙන් ම ආහාර අනුභව කොට උපෝසථ සිල් අධිෂ්ඨාන කරගත්තා. සුචිපරිවාර සිටුතුමාත්, සිටු බිරිඳත්, දරුවනුත්, පිරිවර ජනයාත් උපෝසථ අධිෂ්ඨාන කරගත්තා. හැමෝම උපෝසථය සමාදන් වෙලා තම තමන් ඉන්නා තැන්වලට ගොහින් සිල් ආවර්ජනා කරමින් වාඩි වී සිටියා. බෝධිසත්වයෝ මුළු දවස ම මහන්සි වෙලා වැඩ කරලා හිරු අවරට යද්දී සිටු මැදුරට ආවා.

එතකොට ඔහුට බත් බෙදන උදවිය අත සෝදන්ට වතුර දීලා තලියකට බත් බෙදලා ගෙනාවා.

බෝධිසත්වයන්ට වෙනදාට වඩා අමුත්තක් දැනුනා. ඔහු ඒ ගැන විමසුවා.

"හැබැට අද මොකොද මේ කිසි සද්දයක් බද්දයක් නැත්තේ? වෙනදාට මේ වෙලාවට මහා සද්දයි නොවැ. කට්ටිය ම කොහේ හරි ගොහින් ද?"

"ම්... ඔහේ දන්නැතෙයි? අද උපෝසථ දවස. අද මෙහෙ හැමෝම උපෝසථ සමාදන් වෙලා ඉන්නේ. දැන් මේ වෙලාවේ එයාලා තම තමන් ඉන්න තැන්වලට ගොහින් ඉන්නේ."

එතකොට බෝධිසත්වයන්ගේ සිතට මෙය තදට දැනුනා. 'අයියෝ... මෙපමණ සිල්වත් පිරිසක් අතරේ මං එහෙනම් එකම එක දුස්සීලයා ඒ! මට එහෙම ඉන්ට ඕනකොමක් නෑ. දැන් උපෝසථ සිල් අධිෂ්ඨාන කරගත්තොත් උපෝසථයේ පිහිටීමක් වෙන්නේ නැද්ද? කෝකටත් මං ගොහින් සිටුතුමාගෙන් අහන්ට ඕනෑ' කියලා ගිහින් සිටුතුමාගෙන් ඇසුවා. සිටුතුමා මෙහෙම කීවා. "දරුවෝ, අද උදෑසනින් ම උපෝසථය අධිෂ්ඨාන නොකරගත් නිසා දැන් සමාදන් වුණාට සම්පූර්ණ උපෝසථයක් වෙන්නේ නෑ. හැබැයි අර්ධ උපෝසථ කර්ම සිද්ධ වෙනවා."

"හෝ... ඒකට කමෙක් නෑ. සිටුතුමනි, අනේ එහෙනම් මාව උපෝසථයේ සමාදන් කරවන්ට."

එතකොට සිටුතුමා ඔහුව උපෝසථයේ සමාදන් කෙරෙව්වා. ඔහු එදා රාත්‍රී ආහාර ගත්තෙ නෑ. තමන් වසන තැනට ගොහින් සිල් ආවර්ජනා කරමින් හාන්සි වෙලා සිටියා. එදා මුළු දවස පුරාම කිසිම ආහාරයක්

නැති නිසා මැදියම් රැයේ බරපතල විදිහට වාතය කිපුණා. මොහුට අසනීපයි කියා සිටුතුමාට දැනගන්ට ලැබුණා. නොයෙක් බෙහෙත් ඖෂධ ගෙනැවිත් අනුභව කරන්ට කියා කීවා. "අනේ එහෙම කියන්ට එපා. මං අද ම යි උපෝසථය සමාදන් වුණේ. මං මගෙ ජීවිතය පූජා කරලයි උපෝසථය රකිනවා කියලා සිතාගත්තේ" කියලා ඒවා ගත්තේ නෑ. තදබල විදිහට වේදනා ආවා. අරුණ නැගෙන වෙලාවේ සිහිය පිහිටුවා ගන්ට බැරි වුණා. දැන් මෙයා මැරේවි කියා බෝධිසත්වයන්ව එතැනින් බැහැර කොට ආරක්ෂා තැනක හාන්සි කෙරෙව්වා.

ඒ මොහොතේ ම අශ්ව රථයේ නැගුණු බරණැස් රජ්ජුරුවෝ මහත් පිරිවර ඇතිව නගරය ප්‍රදක්ෂිණා කරද්දී එතැනට ආවා. බෝධිසත්වයන්ගේ සිතට රජ්ජුරුවන්ගේ රජ සැප දැක ලෝභකමක් ඇති වුණා. රජකම ලැබෙනවා නම් හොඳයි කියලා සිතුණා. ඒ මොහොතේ මරණයට පත් වුණා. අර්ධ උපෝසථයක් ආරක්ෂා කළ පිනෙන් අගමෙහෙසියගේ කුසෙහි පිළිසිඳ ගත්තා. අගමෙහෙසිය ගැබ් පෙළහර ලබා ඉතාමත් ගරු සරු ඇතිව පුත් කුමාරයෙක් බිහි කළා. මේ කුමාරයාගේ නම උදයකුමාර. මොහු වයසින් මුහුකුරා යද්දී සියලු ශිල්ප ශාස්ත්‍රයන්හි පරතෙරට පැමිණියා. තමන් පෙර ආත්මේ කරපු පිනත් සිහි කර ගත හැකි ජාතිස්මරණ නුවණකුත් ලැබුවා. තමන්ගේ ඒ පූර්ව කර්මය සිහිකොට "අනේ මොන තරම් කුඩා පිනක විපාකයක් ද මේ!" කිය කියා ඒ ගැන නිතර උදන් අනනවා. තමන්ගේ පියරජුගේ අභාවයෙන් පසු තමන් සතු වූ මහා වස්තු සම්භාරය දෙස බලාත් ඒ උදානය ම යි කීවේ.

බරණැස් නුවරට එක්තරා උත්සව දවසක් ආවා. එදාට මහජනයා කෙළිදෙලෙන් කල් යවනවා. බරණැස උතුරු දොරටුව අසල ඉන්න කම්කරුවෙක් වතුර ඇදලා අඩමස්සක් ලබාගෙන තිබුණා. මොහු ඒ අඩමස්ස උතුරු දොරටුව අසල ප්‍රාකාරයේ ගඩොල් සිදුරක සඟවා තැබුවා. ඔහු තවදුරටත් වතුර ඇදීම ම කරගෙන යන අතරේ තමන් බඳු ම ඉතා දිළිඳු ස්ත්‍රියක් සහේට ගත්තා. හැබැයි ඈ ඉන්නේ දකුණු දොරටුව අසල යි. එදා උත්සව දවසේ ඈ මෙහෙම කීවා.

"ස්වාමී... අද බරණැස උත්සව දවසක්. ඔයැයිගේ අතේ මොකවත් නැද්ද? තියේ නම් අපටත් ඇහැකි උස්සවේ විනෝද වෙන්ට."

"මොකෝ නැත්තේ... මොකෝ නැත්තේ... ති...යෙ...න...වෝ."

"හරි... හරී... ඉතින් කීයක් තියේ ද?"

"අඩ මස්සක් තියෙනවෝ."

"හරි... ඒක කොයිබ ද තියෙන්නේ?"

"මං ඒක උතුරු දොරටුව ළඟ ප්‍රාකාරයේ ගැඩොල් සිදුරක් අස්සේ දෑවා. හැබැයි ඉතිං මයෙ නිධානෙ තියෙන්නේ දොළොස් යොදුනක් දුරින් නොවැ. හරී... ඔහේ ළඟ කීයක් තියේ ද?"

"ම්... මේං... වැඩක්... ඔව්... මයෙ ළඟත් තියෙනවා අඩමස්සක්."

"හරි එහෙනම් ඔහේගේ අඩමස්සයි මයෙ අඩමස්සයි ඔක්කෝම මස්සක් තියෙනවා. ෂා... හරි

අගෙයි. එහෙනම් අපි... එක් කොටහකින් සුවඳ ගම්මු. අනිත් එකින් සුරා ගම්මු."

"ඔව් ඉතින් මක්කා කරන්ටත් ඔහේගේ සල්ලි ගේන්ට එපායැ. ඉතින් එහෙනම් ඔහේ හනික ගොහිං අඩමස්ස ගේන්ට."

තරුණයා නිම්හිම් නැති සතුටකින් උඩ පැන්නා. "හරි... මයෙ සුන්දරී... ඔයැයි මොකෝවත් නොසිතා ඉන්ටකෝ. මං ගොහිං සුටුස් ගාලා එන්නම්" කියලා එක පිම්මේ ගියා. යොදුන් හයක් පසුකොට මද්දහන වෙද්දී නගරයේ මැද්දට ආවා. අව්වේ රස්නෙට පොළෝ වැල්ල ගිනි අඟුරු වගේ. අඩමස ගන්ට ආසාවෙන් කසාවතක් ඇඳගෙන තල්කොළයක් කනේ පැළඳ පෙම් ගීයක් ගය ගයා මහා ගිනි වැල්ලේ කිසි ගාණක් නැතුව රාජංගනේ මැද්දෙන් ගියා.

උදය මහරජ්ජුරුවෝ සී මැදිරි කවුළුවෙන් බලාන ඉන්නැද්දි මේ පුද්ගලයා අව්වෙන් කැකෑරෙන වැල්ලේ ගී කියමින් යන හැටි දැක්කා. "ඕ... අර කවුද ඒ? මේ ගිනි අව්ව තඹේකට ගණන් නොගෙන ගී කිය කියා අස්පයා වගේ යන්නේ. මේ මිත්‍රයා.... උඹට පේනවා ද අර ගී කිය කියා විනෝදෙන් යන එකා. අන්න ඒකාව එක්කරගෙන වරෙං." කියලා එක් රාජපුරුෂයෙක්ව යැව්වා.

එතකොට ඔහු දුවගෙන ගියා. "හෝ... ඕයි... ඔහොම ඉන්නවා. අපගේ රජ්ජුරුවෝ තමුසෙට කතා කොන්නවා."

"රජ්ජුරුවෝ! රජ්ජුරුවෝ මයෙ කවුරුවත් නොවේ. මං රජ්ජුරුවන්ව හඳුනන්නේ නැතෝ.... ඔහේට වැරදීමක් වෙලෝ!"

"මේ... බොල... අසාපිය කියන දේ... වර යන්ට" කියලා බලාත්කාරයෙන් රජ්ජුරුවෝ ළඟට එක්කරගෙන ගියා. රජ්ජුරුවෝ ඔහු අමතමින් මේ ගාථාවන් දෙක පැවසුවා.

(1)

මේ මහා පොළෝ තලේ -
ගිනි අඟුරු වගේ රත්වෙලානෙ තියෙන්නේ
අමාරු ම යි පය ගහන්ට -
උණු අළු සේ වැලි රත් වී තියෙන්නේ
තෝ අපූරුවට ගීයක් ගයමින් -
කිසි වගක් නැතිව ඒ වැල්ලේ යන්නේ
තොට මක් වුණා ද මෙහෙම යන්ට -
තද අව්ව තෝව නොදවන බව පෙනෙන්නේ

(2)

හිරු නැගී මේ මද්දහනේ -
ඉන්ට බැරි තරම් අව්වකි තියෙන්නේ
වැල්ල රත් වෙලා හොඳට ම -
පය තබන්ට බැරි තරමට දවන්නේ
තෝ අපූරුවට ගීයක් ගයමින් -
කිසි වගක් නැතිව ඒ වැල්ලේ යන්නේ
තොට මක් වුණා ද මෙහෙම යන්ට -
තද අව්ව තෝව නොදවන බව පෙනෙන්නේ

රජ්ජුරුවන් පැවසූ මේ ගාථාවන් ඇසූ ඔහු මේ ගාථාවෙන් පිළිතුරු දුන්නා.

(3)

අනේ අපේ මහරජුනේ -
මේ ගිනිඅව්ව නෑනෙ මාව එසේ දවන්නේ

කම්සුවට තියන රාග අච්ච -
ඇති පදමට මාව නිතර දවන්නේ
නොයෙක් තැනින් නොයෙක් ලෙසින් -
කාම අච්ච මා වටකොට දවන්නේ
මහරජුනේ මේ ඉරේ අච්ච -
නැත එලෙසින් මා වටකොට දවන්නේ

එතකොට රජ්ජුරුවෝ ඔහුගෙන් තවදුරටත් කරුණු විමසුවා. "හැබෑටම මනුස්සයෝ... ඔහේ ඔය කීව ගාථාවේ තේරුම මොකක්ද?"

"දේවයන් වහන්ස, මයෙ මායියා ඉන්නේ දකුණු දොරටුව ළඟ. ඈ හරිම දිළිඳුයි. ඈත් මං වාගේම කුලී වැඩ කරන්නෙ. ඉතින්... ඈ මගෙන් ඇහැව්වා අපිත් නැකැත් උස්සවේ විනෝද වෙමු. උඹැහේ ගාව කීයක් තියේද කියලා. ඉතින් මං කීවා මයේ නිධානෙ තැන්පත් කොරලා තියෙන්නේ එසේ මෙසේ තැනක නොවේය, උතුරු ප්‍රාකාරයේ ගල් කුර අස්සේය කියලා. ඉතින් ඒකි මට කීවා ඒ වස්තුව හනික ඇන්න වර, උස්සවේට විනෝද වෙමු කියලා. ඒකිත් එක්ක මං දොඩාපු සල්ලාප මයෙ හදවතේ හිට්ටා. මට ඒක නින්නාද වෙවී මතක් වෙනවා දේවයන් වහන්ස. එතකොට කාමාශාවෙන් මයෙ ඇඟ දනවා. ඕං ඕකයි මං කියපු ගාථාවේ අරුත.

"හරි... එතකොට මොකෝ මේ අච්ච ගණන් නොගෙන රත්වෙලා කැකෑරෙන අච්වේ සතුටින් ගී ගයමින් යන්නේ?"

"අනේ දේවයන් වහන්ස, මේකනේ... දැන් මං ගොහින් මයෙ නිධානෙ ගන්නවා. ඊට පස්සේ මං ඒකි

ළඟ. ඒකි මයෙ ළඟ. ඉතින් සතුටු නැද්ද? ඒකයි මං ගී ගයන්නේ."

"එම්බා මිනිස, උතුරු දොරටුවේ තැන්පත් තගේ නිධානය කී ලක්ෂයකින් යුක්ත ද?"

"අනේ එහෙම නෑ දේවයන් වහන්ස."

"එහෙම නම් රන් කහවණු පනස්දහසකින් යුක්ත ද?.... සතළිස් දහසකින් යුක්ත ද?.... විසිදහසකින් යුක්ත ද?.... දසදහසකින් යුක්ත ද? දහසකින්.... පන්සියයකින්.... දෙසීයකින්.... පනහකින්.... විස්සකින්.... දහයකින්.... කහවණු පහකින්.... දෙකකින්.... එක කහවණුවකින්.... අඩ කහවණුවකින්.... සතර මස්සකින්.... දෙමස්සකින්.... මස්සකින් යුක්ත ද?"

"අනේ එහෙම නෑ දේවයන් වහන්ස."

"හෝ... එහෙනම් තගේ නිධානය අඩමස්සකින් යුක්ත ද?"

"එහෙමයි දේවයන් වහන්ස, ඔච්චරයි මා සන්තක වස්තුව. ඉතින් මං ඒ ධනය ඇන්න ගොහින් ඒකිත් එක්ක විනෝද වෙනවා. ඒ සන්තෝසෙට මාව මේ අව්වට පිච්චෙන්නෑ දේවයන් වහන්ස."

"හොහ්... එම්බල පුරුෂය... නුඹ හරි මිනිහෙක් නොවැ. ඔය නිධානෙ ගන්ට ද මෙවැනි ගිනි කාෂ්ටකේ ආවේ... හරි... මං තමුසෙට අඩමස්සක් දෙන්නම්."

"දේවයන් වහන්ස, ඔබවහන්සේ වදාළ කරුණු මත මට අඩමස්සක් ලැබේ නම් මං ඒකත් ගන්නම්. හැබැයි අනිකත් විනාශ වෙන්ට දෙන්නෑ. මං ඒකත් ගන්නවා."

"නෑ... මනුස්සයෝ... ඒක ඕනැත්තේ නෑ. ඒක අතැරපං. මං නුඹට මස්සක් ම දෙන්නම්කෝ..."

"නෑ... දේවයන් වහන්ස, ඒ මස්සත් අරං මං අරකත් ගන්නම්."

"මිත්‍රයා... එහෙම නොවෙයි. ඕක අතැරපං. මං උඹට දෙමස්සක් දෙන්නම්... කහවණුවක් දෙන්නම්... කහවණු ලක්ෂයක් දෙන්නම්... කෝටියක් දෙන්නම්... හරි ඕක අතැරපං මං සිටු පදවියක් දෙන්නම්... යුවරජකම දෙන්නම්... හරි... එහෙනම් මං උඹට මේ රාජ්‍යයෙන් භාගයක් දෙන්නම්. මේං මෙහෙ නැවතියං." එතකොට ඔහු නැවතුණා.

"ඇමතිවරුනි, මේ මගේ යහළුවාගේ රැවුල කප්පවා සුවඳ පැනින් නාවලා, ලස්සනට සළුපිළි හඳවාගෙන එක්කරගෙන එන්ට." එතකොට ඇමතිවරුත් එහෙම කළා. රජ්ජුරුවෝ බරණැස් රාජ්‍යය දෙකට බෙදුවා. ඔහුට අනිත් රාජ්‍යය පැවරුවා. ඔහු රජකමට පත් වුණාට පස්සෙත් අර අඩමස්සට ප්‍රේමයෙන් උතුරු ප්‍රාකාරයට ගියා කියලත් කියනවා. මේ නිසා මොහු ප්‍රසිද්ධ වුණේ අර්ධමාසක රජ්ජුරුවෝ කියලයි.

දැන් මේ රජවරු දෙන්නා ඉතාමත් සමඟියෙන් රාජ්‍ය කරමින් ඉන්නවා. දවසක් දෙන්නා ම උයන් කෙළියට ගියා. උයන් ක්‍රීඩාවෙන් පස්සේ උදය රජ්ජුරුවෝ අර්ධමාසක රජුගේ ඔඩොක්කුවේ හිස තබාගෙන නිදාගෙන හිටියා. රජ්ජුරුවන්ට නින්ද ගියා. පිරිවරට හිටිය මිනිස්සු විනෝද වෙමින් ඒ මේ අත විසිර ගියා. උදය රජුයි අර්ධමාසක රජුයි තනි වුණා. එතකොට අර්ධමාසක රජුට මෙසේ සිතුණා.

'හනේ... මං මක්කටෙයි හැමදාම මේ අර්ධරාජ්‍යයක් කරන්නේ. මං මෙයැයිව මෙතන ම කම්මුතු කර දැවා නම් වැඩේ අහවරයි. හහ්... එතකොට මං... ඔව්... මං තමා... මේ බාරාණසී මහාරාජා! කඩුව ඇදලා ගත්තා නම් එක පහරයි. ම්... නෑ... නෑ... මං මේ මොනාද සිතන්නේ? මං අන්ත අසරණ දිළින්දෙක් වෙලා ඉන්නැද්දී මේ උත්තමයා තමයි මට තමන්ට සමානව තනතුරු දීලා මහා ඉසුරු සම්පත් දුන්නේ. මෙබඳු උත්තමයෙක්ව මරා දමන්ට තරම් ලාමක පහත් නින්දිත ආශාවක් මයෙ සිතේ උපන්නා නොවැ. ෂිහ්...' කියා ආයිමත් කඩුව කොපුවේ දමාගත්තා.

ටිකක් වෙලා යද්දී ආයෙමත් ඒක ම හිතෙන්ට ගත්තා. ආයෙමත් කෙළෙහිගුණ මෙනෙහි කරලා ඒ ලාමක සිත යටපත් කරගත්තා. නැවත නැවතත් ඒක ම හිතෙන්ට පටන් ගත්තා. පව් අදහස්වලට ම යි සිත නැඹුරු වෙන්නේ. අන්තිමට බැරිම තැන කඩුව බිම දැම්මා. රජ්ජුරුවන්ව නැගිට්ටෙව්වා. රජ්ජුරුවන්ගේ පාමුල වැඳ වැටුණා.

"අනේ මයෙ උත්තම දේවයන් වහන්ස."

"ඇයි මිත්‍රයා... මට ඔබගෙන් කිසිම වරදක් වුණේ නෑනේ!"

"උනා දේවයන් වහන්ස, මයෙ අතින් මහා බරපතල වරදක් වුණා .... ඔන්න ඔවැනි ලාමක සිතිවිලි සිතේ බුර බුරා නැගී ආවා."

"කමෙක් නෑ මිත්‍රයා... ඔබට මුළු බරණැස් රාජ්‍යයට ම ආසා නම් ඔබට රජකම දෙන්නම්. මං යුවරජු වී උපස්ථාන කරන්නම්."

"අනේ නෑ දේවයන් වහන්ස, මට මේ කිසිම රාජ්‍යයකින් පලක් නෑ. මේ සියල්ලට වැරදිකාරයා තණ්හාව ම යි. මේ තණ්හාව මාව නරකට යොදවා අන්තිමේදි නිරයට ම අරං යනවා. අනේ දේවයන් වහන්ස, මට මේ රජ පදවියෙනුත් වැඩක් නෑ. මට පැවිදි වෙන්ට අවසර දෙන සේක්වා! මං මේ කාමාසාවන් පටන් ගන්න තැන දැක්කා දේවයන් වහන්ස. මේකේ මුල කාමයන් ගැන සිත සිතා සිටීම ම යි. සංකල්ප රාගය ම යි. මං මේ මොහොතේ පටන් මෙවැනි සංකල්පනාවන් සිතන්නේ නෑ නෑ ම යි" කියා උදන් අනමින් මේ ගාථා පැවසුවා.

(4)

එම්බා ලාමක කාමය -
    මං තාගේ පටන් ගත්ත මුල දැක්කා
ආශාවෙන් සිත සිතා ම සිටි නිසා -
    කාමය තෝ මගේ සිතේ උපන්නා
ආයෙත් නම් මං තා ගැන -
    කලින් වගේ නෑ සිතන්නෙ නෑ සිතන්නෙ
ආස හිතෙන දේ නොසිතා සිටියොත් -
    මසිතේ නෑ කාමය උපදින්නේ

(5)   යමෙකුට කාමය ටිකක් තිබෙන මුත් -
    එහි ඇලෙනා එක සුදුසු නැතේ
කාමය ලැබුණොත් බොහෝ සෙයින් -
    ඒ ගැන සෑහීමකුත් නැතේ
මගේ මගේ යයි වැළඳගෙන කාමය -
    දොඩනා දෙඩවිලි නිමක් නැතේ
තේරුම් ගෙන මෙය දුරු නොකොළෝතින් -
    දුකින් දුකට ඔහු වැටෙනු ඇතේ

මෙහෙම කියා ඔහු මහජනයාට කාමයේ ආදීනව පෙන්වමින් කරුණු කිව්වා. උදය රජ්ජුරුවන්ට ම තමන්ගේ රාජ්‍යය භාරදුන්නා. රජ්ජුරුවන්ට වන්දනා කොට මහජනයා හඬමින් බලා සිටියදී හිමාලය බලා පිටත් වුණා. එහිදී සෘෂි පැවිද්දෙන් පැවිදිව සුළු කලකින් ධ්‍යාන අභිඥා සමාපත්ති උපදවා ගත්තා. ඔහු පැවිදි වුණාට පස්සේ උදය රජ්ජුරුවෝ ඔහු ගැනත් එක්කොට තමන්ගේ අතීත ජීවිතයත් එක්කොට මේ උදාන ගාථාව පැවසුවා.

(6). උදය නමින් රජ වුණ මම් -
මහා ඉසුරු සැප ලැබුවෙමි
ඉතා අල්ප වූ පිනක් ය -
මෙලෙසින් මට ඵල දුන්නේ
කාමයන්ට ඇති රාගය අත්හැර -
යමෙක් පැවිදි බව ලැබුවේ නම්
ඒ තරුණයාට නම් අත් වූයේ -
ඉතා සොඳුරු වූ ලාභය ම යි

රජ්ජුරුවෝ මේ ගාථාව නිතර කිව්වාට මෙහි සැබෑ අරුත කිමෙක් ද කියා කවුරුත් තේරුම් ගත්තේ නෑ. දවසක් අගමෙහෙසිය රජ්ජුරුවන්ගෙන් ඒ ගාථාවේ තේරුම ඇසුවා. රජ්ජුරුවෝ නොවේ කීවේ. උදය රජ්ජුරුවෝ ළඟ සේවය කරනවා ගංගමාල නමැති කරණවෑමියෙක්. ඔහු මුලින් ම දැලිපිහියෙන් රජ්ජුරුවන්ගේ රැවුල කපනවා. ඊට පස්සේ අඬුවෙන් මවිල් උදුරනවා. එතකොට රජ්ජුරුවන්ට කේන්ති යනවා.

දවසක් රජ්ජුරුවෝ අගමෙහෙසියට මෙය කිව්වා. "බලන්ට දේවී... අපේ මගුල් කරණවෑමියා... ගංගමාලයා

හරී මෝඩයි. ඒකා ඉස්සෙල්ලා ම දැලි පිහියෙන් රැවුල බානවා. ඒක හරි සනීපයි. වරයක් දෙන්ට හිතෙනවා. හැබැයි ඒකා ඊටපස්සේ අඬුවෙන් මවිල් ගලවනවා. එතකොට තමයි හිස ගසාදාන්ට හිතෙන්නේ."

"එතකොට දේවයෙනි... ඒක කොහොමෙයි වෙන්ට ඕනා?"

"මෙහෙමයි... ඉස්සෙල්ලාම අඬුවෙන් මවිල් ගලවලා හිටං පස්සේ රැවුල කැපුවා නම්... ආං හරි."

එතකොට දවසක් දේවිය රහසේ ම ගංගමාලව කැඳවා අවවාද කළා. "මේ ගංගමාල... රජ්ජුරුවන්ගේ රැවුල බාන දවසට උඹ ඉස්සෙල්ලා ම අඬුවෙන් මවිල් ගලවාපන්. පස්සේ රැවුල කපාපන්. රජ්ජුරුවෝ සතුටු වුණා වගේ දැක්කොත් අනේ වරයක් ඉල්ලගනිං. 'අනේ දේවයන් වහන්ස, මට වෙන මක්කවත් ඕනැන්නෙ නෑ. ඔබවහන්සේගේ උදාන ගාථාවේ තේරුම කියා දෙන්ට' කියාපං. මං උඹට සෑහෙන ධනයක් දෙන්නම්."

ගංගමාල වැඩේට කැමති වුණා. රජ්ජුරුවන්ගේ රැවුල කපන දවස ආවා. එතකොට මොහු ඉස්සෙල්ලාම අඬුවෙන් මවිල් ගැලෙව්වා. "මොකෝ ගංගමාල, උඹ කලින් නොකළ දෙයක් කරන්නේ?"

"දේවයන් වහන්ස, අපි කරණවෑමියෝ නොවැ. උන්දැලාගේ ඒ හැටි. කලින් නොකළ දේත් කරනවා" කියලා මුලින් ලොම් ගලවා පස්සේ රැවුල කැපුවා. රජ්ජුරුවෝ සතුටු වුණා. "හරි මිත්‍රයා... වරයක් ගනිං."

"අනේ දේවයන් වහන්ස, මට වෙන දේකින් පලක් නෑ. මං නං ආසම ආසා තමුන්නාන්සේ නිතර කියන

උදාන ගාථාවේ තේරුම දැනගන්ටයි.”

“ඒ ගංගමාල... අනේ උඹට මක්කටෙයි ඒ ගාථාවේ තේරුම? වෙනින් එකක් ඉල්ලාහං.”

“අනේ බෑ දේවයන් වහන්ස, මට නම් ඒක ම යි දැනගන්ට ඕනෑ.” එතකොට උදය රජ්ජුරුවෝ මුසාවාදයට ඇති භය නිසා ඒක කියන්ට තීරණය කළා. සියලු අයුරින් ගරුසරු ඇතිව පිළියෙල කළා. තමන් රුවන් පළඟේ වාඩි වුණා.

“ගංගමාල... මේං මේකයි ඒ උදාන ගාථාවේ තේරුම. මං ගංගමාල කලින් ආත්මෙත් උපන්නේ මේ බරණැස් නුවර ම යි .... ඕං ඔහොමයි ඒ කුඩා පින මට විපාක දුන්නේ. ඊළඟ පද දෙකෙන් කියැවුණේ මං රජකොමේ පිහිටුවාපු අර්ධමාසක රජු මගේ මිත්‍රයා, ඔහු පැවිදි වෙන්න ගියා මේ හැම දෙයක් ම ආපසු මට පවරලා. මං ප්‍රමාදයි. මං තවම රජකම් කොරනවා.” ඕං ඕකයි ඒ ගාථාවේ තේරුම.

එතකොට ගංගමාල හිතන්ට පටන් ගත්තා. “හෝ... හරි පුදුමයි ඒ! අර්ධ උපෝසථයකින් උදය රජ්ජුරුවෝ මේ සම්පත් ලබා තියෙන්නේ. එහෙනම් කුසල් කියන්නේ කළ යුත්තක් ම යි. මාත් එහෙනම් පැවිදි වෙලා මට පිහිටක් සලසා ගන්නවා” කියලා රජ්ජුරුවන්ගෙන් අවසරගෙන තමන් සතු සෑම දෙයක් ම අත්හැරියා. හිමාලයට ගියා. ඍෂි පැවිද්දෙන් පැවිදි වුණා. අනිත්‍ය-දුක්ඛ-අනාත්ම යන ත්‍රිලක්ෂණය නුවණින් විමසා විදසුන් වැඩුවා. පසේබුදුවරයන් වහන්සේ නමක් බවට පත් වුණා. ඉර්ධියෙන් නිපන් පා සිවුරු දරාගෙන ගන්ධමාන පර්වතයට ගොහින් පස් වසක් වාසය කළා.

දවසක් බරණැස් රජ්ජුරුවන්ව දකින්ට ඕනෑ ය යන අදහසින් ගංගමාල පසේබුදුවරයන් වහන්සේ අහසින් වැඩම කොට රාජ උද්‍යානේ මඟුල් ගල් තලාවේ වැඩ උන්නා. උයන්පල්ලා උන්වහන්සේව හඳුනාගෙන රජ්ජුරුවන්ට දැනුම් දුන්නා. "දේවයන් වහන්ස, අන්න ගංගමාල පසේබුදුවරයන් වහන්සේ අහසින් වැඩම කරලා උද්‍යානේ වැඩ ඉන්නවා.

රජ්ජුරුවෝ මහත් සතුටින් යුක්තව උන්වහන්සේට වන්දනා කරන අදහසින් ඉක්මනින් පිටත් වුණා. රාජ මාතාවත් තම පුත්‍රයා සමඟ පිටත් වුණා. උයනට ගිය රජතුමා උන්වහන්සේට වන්දනා කොට පිරිසත් සමඟ එකත්පස්ව හිඳගත්තා. ගංගමාල පසේබුදුවරයාණෝ රජු සමඟ පිළිසඳර කතාවේ යෙදුණා. "කිම බ්‍රහ්මදත්තයෙනි, අප්‍රමාදීව ධර්මයෙන් රාජ්‍ය කරනවා නේද? දානාදී පින්කම්හි නිරතව සිටිනවා නේද?" කියා රජ්ජුරුවන්ට නමින් අමතා කතා කළා.

එය ඇසූ රාජමාතාව කිපුනා. 'හෝ... මේං... මේ නීච කුලේ උපන්, මිනිසුන්ගේ කිලිටි පිරිසිදු කරන එකාලාගේ පුතා ඒ? දැන් රාජවංශයේ උපන් පොළොවට අධිපති මයෙ පුත්‍රයාට 'බඹදත්' කියා අමතනවා ඒ?' කියා සිතා කෝපයෙන් මේ ගාථාව පැවසුවා.

(7). එම්බා ගංගමාලයෙනි තෙපි -
තපසින් පව් දුරු කරන්ට පුළුවනි
නමුත් තොපේ කරණවෑම් කුඹල් කුලේ -
තපසින් දුරු වී යනව ද?
තපස් බලෙන් තෝ අද අප -
යටත් කරන හැටි යසයි

බඹදත් ය කියා තොපේ රජුට -
නමින් අමතන හැටි යසයි

"හා... හා... මැණියනි... අපගේ පසේබුදුවරයන් වහන්සේට එහෙම කියන්ට එපා. පසේ බුදුවරයෙක් කියන්නේ ලොවේ දුර්ලභ මුනිවරයෙක්" කියා මේ ගාථාව පැවසුවා.

(8). මැණියනී බලනු මැනව -
මෙලොවදී ම ධර්මය තුළ ලැබී තියෙන දේ
සොඳ යහපත් ඉවසීමත් -
සිල් ගුණයෙන් බැබළීමත් මෙහි විපාකයයි
සියලු දෙනා විසින් වඳින -
යම් මුනිවරයෙක් වේ නම්
රජුත් ඇමතියන් සහිතව - අපිත් වඳිමු ඒ මුනිඳුව

මෙහෙම කියා රජ්ජුරුවෝ රාජමාතාවගේ දොස් කීම වැළැක්කුවා. එතකොට මහජනතාව නැගී සිටියා. "නෑ... දේවයන් වහන්ස, ඒක අයුත්තක්. මෙයැයි නීච කුලේ උපන්න බව ඇත්තක් නොවැ. තමුන්නාන්සේට නමින් අමතා කතා කිරීම බරපතල වරදක්." එතකොට රජ්ජුරුවෝ මහජනයා නිහඬ කරවා ඔවුන්ටත් එසේ නොකියන ලෙස අවවාද කොට පසේ බුදුන්ගේ ගුණ ම මතුකොට මේ ගාථාව පැවසුවා.

(9). මුනිවරු ගිය මගෙහි වඩින -
නිකෙලෙස් මුනි ගුණෙහි ඇලුන
ගංගමාල පසේ බුදුන් හට කිසිවිට -
කියන්ටෙපා කිසි දොසක්
සසර සයුර තරණය කොට -

එතෙරට වැඩි කෙනෙක් ය මේ
ශෝක රහිත සිතින් යුතුව -
සිටිනා මුනි කෙනෙක් ය මේ

කියලා රජ්ජුරුවෝ නැවතත් පසේබුදුවරයන් වහන්සේට වන්දනා කළා. "අනේ ස්වාමීනී, මාගේ මැණියන්ට කමා කළ මැනව."

"එසේය මහරජ, මම සමාව දෙමි."

"අනේ මේ රාජ පිරිසටත් සමාව දුන මැනවි."

"එසේය මහරජ, මම සමාව දෙමි."

ඊට පස්සේ රජ්ජුරුවෝ තමන්ගෙන් උපස්ථාන ලබමින් රාජ උයනේ වැඩ සිටින්ට කියා පසේබුදුන්ට ආරාධනා කළා. පසේ බුදුන්වහන්සේ එය නොපිළිගෙන සියල්ලෝ බලා සිටියදී කෙමෙන් අහසට නැගී අහසේ ම සිට රජුට අවවාද දී සෙත් පතා ගන්ධමාන පර්වතයට වැඩියා.

මෙය වදාළ භාග්‍යවතුන් වහන්සේ උපාසකවරුන්ව තවදුරටත් උපෝසථ සිල් සමාදන් වීමට උනන්දු කරවමින් ධර්ම දේශනා කොට වදාළා. ඒ කාලේ වැඩ උන් ඒ පසේ බුදුන් වහන්සේ පිරිනිවන් පා වදාළා. එදා අර්ධමාසක රජු වෙලා සිටියේ අපගේ ආනන්දයෝ. රාජමාතාව වෙලා සිටියේ මහමායාදේවී. අගමෙහෙසිය වෙලා සිටියේ අපගේ රාහුල මාතාවෝ. උදයරාජ වෙලා සිටියේ මම" යි කියා භාග්‍යවතුන් වහන්සේ මේ ජාතකය නිමවා වදාළා.

06. චේතිය ජාතකය

බොරු කීම නිසා නිරයට ගිය චේතිය රජුගේ කතාව

පින්වතුනේ, පින්වත් දරුවනේ,

අපගේ භාග්‍යවතුන් වහන්සේ විසින් ඉතාමත් පිළිකුල් කොට හෙළා දුටු, ගර්හා කළ දෙයක් තමයි දැන දැන බොරු කීම. උන්වහන්සේ වදාළේ බොරු කියන ළාමක අසත්පුරුෂයාට නොකළ හැකි පවක් නැත කියලයි. එක බොරුවක් කීවොත් ඒ බොරුව වසාලන්නට තව බොරු දහසක් කියන්ට වෙනවා. බොරු කියන කෙනා ඉතාම වේගයෙන් ගුණදහමින් පිරිහී යනවා. ඔවුන් මරණින් මතු නිරයේ උපදිනවා.

වර්තමානයේ භාග්‍යවතුන් වහන්සේ ලංකාවේ උපන්නා ය කියමින් මිහිකත නුහුලන බොරු කියන අභාග්‍යසම්පන්න පුද්ගලයන්ගේ ගැටයට හසුවූ කී දෙනෙක් නම් බොරුවෙහි සමාදන් වෙනවා ද. ඒ වගේ ම තමන් රහත් යැයි පවසමින් අන්‍යයන්ට ටොපි සීනිබෝල බෙදන ලෙසින් ව්‍යාජ මගඵලවල සමාදන් කරවන අය මොනතරම් පව් රැස්කර ගන්නවා ද! ඒ වගේම භික්ෂූන්ට අයිති නැති දේශපාලනය කරමින් තමන් ජාතියේ මුරදේවතාවුන් යැයි පවසා බුදු සසුන කණපිට

හරවමින් මොනතරම් පව් රැස්කර ගන්නවා ද! ඒ වගේම නොයෙකුත් බොරු පොරොන්දු දෙමින් මහජනයා රවටා ඡන්දය ලබාගෙන පාර්ලිමේන්තුවට යන බොහෝ උදවිය මොනතරම් අපායගාමී පව් රැස්කර ගන්නවා ද! බොරු කීමේ භයානකකම හොඳින් පෙන්වා දෙන මේ කතාව කියවා ඒ තුළින් ඔබේ ජීවිතය යහ මගට ගන්න.

ඒ දිනවල අපගේ භාග්‍යවතුන් වහන්සේ වැඩ වාසය කොට වදාළේ සැවැත්නුවර ජේතවනයේ. එදා දේවදත්ත පොළොව පලාගෙන ගොහින් නිරයේ උපන්න දවසයි. එදා මුළු සැවැත්නුවර ම මිනිසුන් අසත්පුරුෂයන්ගේ භයානක ඉරණම ගැන මහත් සංවේගයට පත් වුණා. දම්සභා මණ්ඩපයේ රැස්වූ භික්ෂූන් වහන්සේලා පවා කතා කළේ මේ බිහිසුණු ඉරණමට ගොදුරු වූ දේවදත්ත ගැනයි.

"බලන්ට ඇවැත්නි... මේ දේවදත්තයා ඉන්නකම් ම බොරුවෙන් වංචාවෙන් අනුන් මුළා කරමින් ජීවත් වුණා. කියන තාක් කල් ම බොරු කීවා. ඕං ඉතිං... බලන්ටකෝ.... කර ගත් දේ? නිරයට ම ගිහිල්ලා නොවැ නැවතුනේ. හනේ හපොයි.... මේ බොරු කීම නිසා ලැබෙන භයානක විපාක ගැන නම් සිතින් සිතාගන්ටවත් බැරි තරම්.

ඒ අවස්ථාවේ අපගේ භාග්‍යවතුන් වහන්සේ දම්සභා මණ්ඩපයට වැඩම කොට වදාළා. භික්ෂූන් වහන්සේලා තමන් කතා කරමින් සිටි කරුණ භාග්‍යවතුන් වහන්සේට සැලකොට සිටියා. භාග්‍යවතුන් වහන්සේ මෙසේ වදාළා.

"නෑ මහණෙනි.... ඔය දේවදත්ත දැන දැන මුසාවාද කියලා නිරයේ ගොහින් නැවතුනේ මේ ආත්මයේ විතරක් නොවේ. මීට කලින් ආත්මෙකත් බොරු කියලා ඔය විදිහට

ම පොළොව පලාගෙන ගොහින් නිරයේ උපන්නා!" කියා මේ අතීත කතාව ගෙනහැර දක්වා වදාළා.

"මහණෙනි, ගොඩාක් ඉස්සර කාලෙක අතීතයේ ප්‍රථම කල්පයේ මහා සම්මත නමින් රජ්ජුරු කෙනෙක් වාසය කළා. ඒ කාලේ ඒ රජ්ජුරුවන්ට අසංඛෙය්‍ය ආයුෂයක් තිබුණා. ඒ රජ්ජුරුවන්නේ පුතා වුණේ රෝජ නමැත්තා. රෝජ රජුගේ පුතා වුණේ වරරෝජ නමැත්තා. ඔහුගේ පුතා වුණේ කල්‍යාණ නමැත්තා. කල්‍යාණ රජුගේ පුතා වුණේ වරකල්‍යාණ නමැත්තා. වරකල්‍යාණගේ පුතා වුණේ උපෝසථ නමැත්තා. උපෝසථගේ පුතා වුනේ මහා මන්ධාතු නමැත්තා. මන්ධාතු රජුගේ පුතා වුණේ වර මන්ධාතු නමැත්තා. ඔහුගේ පුතා වුණේ වර නමැත්තා. වරගේ පුතා වුණේ උපවර නමැත්තා. ඔහුට ම අපවර කියාත් කියනවා.

ඉතින් මේ අපවර රජ්ජුරුවෝ රජකම් කළේ චේතිය කියන රටේ සොත්ථිවතී නගරයේ. මොහුට ම යි චේතිය රජු කියා කියන්නෙත්. මේ රජ්ජුරුවන්ට විශේෂ ඉර්ධි හතරක් තිබුණා. මොහුට ආකාසෙන් යන්ට පුළුවනි. ඒ වගේ ම මොහුගේ ආරක්ෂාවට කඩු ගත් දේවපුත්‍රයෝ සතර දෙනෙක් සතර දිසාවේ පෙනී සිටියා. ඒ වගේ ම මොහුගේ සිරුරෙන් සඳුන් සුවඳ හැමුවා. මොහුගේ මුඛයෙන් මහනෙල් මල් සුවඳ හැමුවා.

මොහුට හිටියා කපිල නමැති පුරෝහිත බ්‍රාහ්මණයෙක්. මේ කපිල බ්‍රාහ්මණයාට කෝරකලම්බ නමින් බාල සහෝදරයෙක් හිටියා. මේ කෝරකලම්බ චේතිය රජ්ජුරුවන්නේ යාළුවෙක්. දෙන්නා එකට ම යි ගුරු ගෙදර ශිල්ප හදාළේ. අඹ යාළුවෝ වගේ. ඉතින් ඔය

දෙන්නා ඒ කිව්වේ චේතියයි, කෝරකලම්බයි යාළුවන් කාලේ චේතිය කුමාරයා මෙහෙම කිව්වා.

"මිත්‍රයා.... මං හිතාන ඉන්නේ රජකමට පත්වූ හැටියෙම ඔහේට පුරෝහිත තනතුර දෙන්නයි හොඳේ" කියලා. චේතිය කුමාරයාගේ පියා වන වර රජ්ජුරුවෝ අභාවයට පත් වුණා. නමුත් කපිල බ්‍රාහ්මණයාව පුරෝහිත තනතුරෙන් පහකරවන්ට පුළුවන් වුණේ නෑ. කපිල පුරෝහිතයා රාජෝපස්ථානයට එද්දී පුරෝහිත කෙරෙහි ඇති ගෞරවය නිසා චේතිය රජ්ජුරුවෝ ගරු සරු දැක්කුවා. එතකොට කපිල බ්‍රාහ්මණයාට මෙහෙම හිතුණා. 'ම්... මේ රජ්ජුරුවෝ තාම තරුණයි. මොහුට සමාන වයස ඇති පුරෝහිත බ්‍රාහ්මණයෙක් සිටියොත් මා එක්ක කටයුතු කරනවාට වඩා පහසුවෙන් කටයුතු කරාවි. ඒ නිසා මං චේතිය රජ්ජුරුවන්ට දන්වා පැවිදි වෙන එක හොඳා' කියලා දවසක් කපිල බ්‍රාහ්මණයා චේතිය රජ්ජුරුවන්ව බැහැදකින්ට ගියා.

"මහරජතුමනි, මං දැන් මහලුයි නොවැ. මයෙ අදහස ගිහි ගෙදරින් වෙන්වෙලා පැවිදි දම් පුරන්ටයි. මයෙ පුත්‍ර බ්‍රාහ්මණ කුමාරයාත් මං වාගෙම හොඳට ශිල්ප ශාස්ත්‍ර හදාරලයි ඉන්නේ. මගේ වැඩේ එයැයිට කරන්ට පුළුවනි. ඒ නිසා මයෙ පුත්‍රයාට පුරෝහිත ස්ථානාන්තරය දෙන්න. මං පැවිදි වෙන්නම්." කියලා තම පුත්‍රයාව පුරෝහිත තනතුරේ පිහිටෙව්වා. පිහිටුවලා හිටං රාජ උද්‍යානයට ගොහින් ඍෂි පැවිද්දෙන් පැවිදි වුණා. සුළු කලකින් ධ්‍යාන අභිඥා උපදවා ගත්තා. තමුන්නේ පුත්‍ර පුරෝහිත බ්‍රාහ්මණයාගෙන් ඇප උපස්ථාන ලබමින් රාජ උද්‍යානයේ ම වාසය කළා.

කෝරකලම්බ බ්‍රාහ්මණයා කපිල බ්‍රාහ්මණයාට වඩා බාලයි. නමුත් කපිල බ්‍රාහ්මණයා පුරෝහිතකම තමන්ට නොදීම ගැන කෝප වුණා. 'හහ්... එතකොට මේකා පුරෝහිත ධානාන්තරේ මට නොදී පැනලා ගොහින් පැවිදි වුණා ඒ...!' කියලා වෛර බැඳගත්තා. දවසක් කෝරකලම්බ බ්‍රාහ්මණයා රාජ මාලිගාවට ගොහින් චේතිය රජ්ජුරුවොත් එක්ක සතුටු සාමීචි කතාබහේ යෙදී හිටියා. රජ්ජුරුවෝ මෙහෙම ඇහුවා.

"හෝ.... යාළුවා කෝරකලම්බ.... දැන් පුරෝහිත ධානාන්තරේ වැඩ බලන්නේ ඔහේ නොවෙයි ද?"

"එහෙමයි දේවයන් වහන්ස, මං දැන් ඒවා මොකුත් කොරන්නේ නෑ. ඇයි ඉතින් ඒවා කොරන්නේ අපේ අයියණ්ඩි නොවැ."

"නෑ.... ඔබේ අයියණ්ඩි වන කපිල බ්‍රාහ්මණයා තමන් දැන් මහලුයි කියා පැවිදි වුණා නෙවෙද?"

"හහ්... අනේ ද කියන්නේ... එයැයි ඉතින් පැවිදි වුණා තමයි. නමුත් උන්නැහේ මං උන්න වගක් සැලකුවා යැ. එයැයිගේ පුතාට නොවැ පුරෝහිත ධානාන්තරේ දුන්නේ."

"ඉතින් කපිල බ්‍රාහ්මණයා නැති එකේ ඔබට ඕනෑ නම් පුරෝහිතකම කොරන්ට බැරියැ."

"මේකනේ දේවයන් වහන්ස.... ඔය පුරෝහිත ධානාන්තරේ ප්‍රවේණියට පරම්පරාගතව එන පදවියක් නොවැ. එතකොට වැඩිමහල් සහෝදරයාව බැහැර කොරලා හිටං මට ඒක කොරන්ට විදිහක් නෑ. වැඩිමල්

සහෝදරයා වන කපිල බ්‍රාහ්මණයා නොවැ ඊ ළඟ එක්කෙනා පත් කළ යුත්තේ.”

“ඕ.... එහෙම කොහොමෙයි.... මට පුළුවන් නොවැ ඔහේව වැඩිමහල් සහෝදරයා කරන්ට. මං කපිල බ්‍රාහ්මණයාව ඔහේගේ බාල සහෝදරයා කරන්නම්. එතකොට වැඩේ හරි නොවැ. එතකොට ඔහේ තමයි පුරෝහිත ඒ...!”

“ඒ කොහොමෙයි දේවයන් වහන්ස, එහෙම කොරන්නේ?”

“හැයි.... මට පුළුවනි මුසාවාද කියලා ඒක කරන්ට.”

“හප්පේ දේවයන් වහන්ස, තමුන්නාන්සේ මයෙ අයියණ්ඩි වන කපිල බ්‍රාහ්මණයා ගැන දන්නෙ නෑ. එයැයි මහා අද්භූත ධර්මයන්ගෙන් සමන්විතයි. විද්‍යාධරයෙක්. තමුන්නාන්සේ අසත්‍ය මුසාවාදයකින් ඔහුව වංචා කරන්ට ගියෝතින් තමුන්නාන්සේගේ ආරක්ෂාවට ඉන්න ඔය දේවපුත්‍රයන්ව අතුරුදහන් කරලා දමාවි. තමුන්නාන්සේගේ සරීරෙනුයි, මුඛයෙනුයි විහිදෙන මිහිරි සුවඳ නැතිකොරලා හිටං දුගඳ හමන්ට සලස්සාවි. තමුන්නාන්සේට ආකහේ වැඩඉන්ට බැරිවේවි. බිම හිටින්ට සලස්සාවි. තමුන්නාන්සේව පොළොව පලාගෙන යනවා වගේ වැඩ සිද්ධ කරාවි. එතකොට නං තමුන්නාන්සේට මුසාවාද කතාවේ පිහිටා සිටින්ට බැරිවෙයි.”

“හහ් හා.... ඔහොම කියන්ට එපා කෝරකලම්බ. ඕං බලන්ට එහෙනම් මං ඔය වැඩේ කරලා පෙන්නන්නං.”

“එහෙම නම් දේවයන් වහන්ස, ඔය මුසාවාදය කෙරෙන්නේ කවද්ද?”

"ම්.... ඔව්.... මෙයින් හත්වන දවසේ.... හරි නෙ...!"

මේ දෙන්නාගේ කතාබහ මුළු නගරය පුරා ම පැතිරිලා ගියා. මිනිස්සු පුදුමයෙනුත් පුදුමයට පත් වුණා. "හේයි.... බොලල්ලා දන්නවැයි වැඩක්. ආං අපේ රජ්ජුරුවන් වහන්සේ මුසාවාදයක් කියලා අමුතු ම එකක් කොරන්ට යනවාලු. ඒකෙන් වැඩිමහල්ලාව ඊට බාලයෙක් කරන්ට ඇහැකිලු. බාලයාව වැඩිමලා බවට පත්කරලා හිටං පරම්පරාවෙන් ලැබෙන ඨානාන්තරේ බාලයාට දෙන්ට ඇහැකිලු.... හප්පේ.... බොලේ.... මොකක්දෑ හැබෑට ඔය මුසාවාද විජ්ජාව? ඕක නිල් පාට ද? නැත්නම් කහ රතු ආදී පාටක් ද? හැබෑට.... අපි මෙතෙක් කාලයකට අසා නෑ නොවැ මුසාවාද කියන්නේ මොන වගේ ජාතියක් ද කියලා."

මහණෙනි, ඒ කාලේ ලෝකයේ තිබුණේ සත්‍ය කතා කිරීම පමණයි. එනිසා මුසාවාද යනු මොන වගේ දෙයක් ද කියාවත් මහජනයා දැන සිටියේ නෑ. කපිල බ්‍රාහ්මණයාගේ පුත්‍ර පුරෝහිතයාටත් මේ වග ආරංචි වුණා. ඔහු උයනට ගොහින් සිය පියාණන් වන කපිල සෘෂිතුමාට මේ ගැන කියා හිටියා. "පියාණනි, ආං අපේ රජ්ජුරුවෝ මුසාවාදයක් කියලා මොනවදෝ දෙයක් කරලා හිටං තමුන්නාන්සේව වයසින් බාල කරනවාලු. ඊට පස්සේ තමුන්නාන්සේ විසින් මට ලබාදීපු මයෙ පුරෝහිත ඨානාන්තරේ අපේ කෝරකලම්බ පුංචි බාප්පාට දෙන්ට යනවාලු."

"හොහ්.... හොහ්.... හෝ.... පුත්‍රයා.... නමුත් රජ්ජුරුවන්ට නම් මුසාවාදයක් කොරලා වුණත් අපේ ප්‍රවේණිගත ඨානාන්තරේ කෝරකලම්බට හිතුමනාපෙට

දෙන්ට විදිහක් නෑ. ම්... එතකොට.... ඔය.... මුසාවාදය කෙරෙන්නේ.... කවද්ද?"

"තව හත් දොහකින් රජ්ජුරුවෝ ඒක කරනවාලු."

"හරි පුත්‍රය.... කමෙක් නෑ. ඒකට කමෙක් නෑ. එදාට මටත් දැනුම් දීපං."

සත්වෙනි දවසේ 'අපේ රජ්ජුරුවන්නේ මුසාවාදය බලන්ට ඕනෑ' කියලා පැමිණි මහජනයාගෙන් රාජාංගණය පිරී ඉතිරී ගියා. ඇඳන් පිට ඇඳන් බැඳලා ඒ මත හිටගෙන බලා උන්නා. පුරෝහිත පුත්‍රයා ගිහින් සිය පිය තවුසාටත් දැනුම් දුන්නා.

අලංකාර රාජාභරණයෙන් සැරසී ගිය රජ්ජුරුවෝ මාලිගයෙන් නික්ම අවුත් රාජාංගණයට ඉහළින් ආකාසේ හිටගත්තා. එතකොට ම කපිල බ්‍රාහ්මණ තාපසයාත් අහසින් ම ඇවිදින් චේතිය රජ්ජුරුවෝ ඉදිරියේ ආකාසයේ ම පත්කඩය එළා ඒ මත වාඩි වුණා. රජ්ජුරුවන්ගෙන් මෙහෙම ඇහුවා.

"මහරජතුමනි, මේ කතාව ඇත්තක් ද? තමුන්නාන්සේ මුසාවාදයක් කරලා වයසින් බාල අයෙක්ව වයසින් වැඩිමහලු බවට පත්කරලා හිටං පරම්පරාවෙන් වැඩිමහලාට ලැබෙන තනතුර බාලයෙකුට දෙන්ට යනවා කියන්නේ?"

"එසේය ආචාර්යපාදයෙනි.... මං එහෙම දෙයක් කිව්වා තමයි."

"මහරජතුමනි, මුසාවාදය කියා කියන්නේ මහා භයානක දෙයක්. එයින් මනුෂ්‍යයාගේ ගුණධර්ම වනසා

දමනවා. මරණින් මතු සතර අපා උපතට ඇදගෙන යනවා. මහරජතුමනි, යම් කෙනෙක් මුසාවාද කියනවා නම් ඔහු ධර්මය නසන කෙනෙක්. පළමුව ධර්මය නසා දෙවනුව තමාවත් නසා ගන්නවා." කියා මේ ගාථාවන් පැවසුවා.

(1). ඒකාන්තයෙන් සත්‍ය ධර්මය -
වැනසී යයි බොරු පැවසීමෙන්
වැඩිහිටියන් හට සැලකීමේ ගුණ -
වැනසී යනවා ඒ බොරුවෙන්
සත්‍ය කීම නමැති දහම -
යමෙක් නසන්නේ නැත්නම්
ඔහුගේ කිසි දෙයක් ලොවෙහි -
නැතිවෙන්නේ නම් නෑ
ධර්මය වනසන්ට එපා! -
දහම නසා ඔබ නැසෙන්ට එපා!

(2). සත්‍ය පෙනි පෙනී කියයි නම් යමෙක් බොරු
දෙවියෝ ඔහු අත්හැර යනවා ම යි
බොරු කියන්නාගේ මුඛයෙන්
පිළිකුල් දුගඳ නම් හමනවා ම යි
තමාට නිසි තැන රැඳී සිටින්නට
මුසාවාදියට බැරිවෙනවා ම යි

කපිල බ්‍රාහ්මණයාගේ ගාථා ඇසූ රජ්ජුරුවෝ භයට පත් වුණා. දෑස් ලොකු කොට කෝරකලම්බ දිහා බැලුවා. "නෑ රජ්ජුරුවන් වහන්ස, තමුන්නාන්සේට මතකෙයි මං කලියෙන් ම කීවා අපේ අයියණ්ඩි ගැන. එයැයි ඔය වගේ කතා කියන වග. ඒ නිසා කිසි දේකට භය වෙන්ට එපා." කියලා කෝරකලම්බ කිව්වා.

එතකොට රජ්ජුරුවෝ තමන් කලින් කියාපු කරුණ ම ඉස්සරහට ගත්තා. "හරි.... දැන් මං මේ සභාවේ ප්‍රකාශය නිකුත් කරනවා. කපිල බ්‍රාහ්මණතුමනි, තමුන්නාන්සේ වයසින් බාල කණිෂ්ඨයෙක්. කෝරකලම්බ තමයි වයසින් වැඩිමහලු ජ්‍යේෂ්ඨයා!"

මේ මුසාවාදය කිව්වා විතරයි එසැණින් ම 'හාපෝ.... මෙවැනි මුසාවාද කියන්නෙකුගේ ආරක්සාව අපි භාරගන්නේ නෑ' කියා දේවපුත්‍රයෝ හතරදෙනා කඩු අත්හැරලා නොපෙනී ගියා. කුණු බිත්තරයක් බිඳුනා වගේ රජ්ජුරුවන්නේ කටින් කුණු ගඳ ගහන්ට පටන් ගත්තා. වැසිකිළි වළක දොර ඇරියා වගේ සරීරයෙන් දුගඳ හමන්ට පටන් ගත්තා. අහසේ ඉන්ට බැරුව ගියා. පාත්වෙලා බිම හිටගත්තා. ඉර්ධි සතරින් ම පිරිහී ගියා.

එතකොට කපිල තාපසින්නාන්සේ මෙහෙම කීවා. "මහරජතුමනි, භය වෙන්ට එපා. ඔබ ඉතාම පැහැදිලිව හොඳටම දන්නා සත්‍යය සත්‍යය හැටියට ම කියන්න. එහෙම නැවත සත්‍ය කීවොත් මේ සෑම දෙයක් ම තිබුණා වගේ ම තියෙන්ට සලස්සන්නම්" කියලා මේ ගාථාව පැවසුවා.

(3)

දැන්වත් ඔබ මහරජුනේ -
හොඳින් දන්නා සත්‍යය එලෙසින් ම පවසන්න
එසේ සත්‍යය පවසා කලින් තිබුණ -
හැම දෙයක් ම යළි ලැබගන්න
නමුත් රජුනි තවදුරටත් බොරු කීවොත් -
ඔබ හට දිගටම සිදුවෙයි පොළොවෙ සිටින්න

"බලන්ට මහරජතුමනි, ඇස්පනාපිට ඔබට වෙච්චි දේ. මුසාවාදය කී පමණින් ම ඔබ ළඟ තිබුණු ඉර්ධි සතර ම නැතුව ගියා. පොඩ්ඩක් සිතන්ට රජතුමනි, ඔබ සත්‍යය පැවසුවොත් ඔබට නැති වූ දේවල් දැන් ම වුණත් ප්‍රකෘතිමත් කරගන්ට පුළුවනි."

"නෑ... නෑ... කපිලයෙනි, කෝරකලම්බ කිව්වා වගේ තොපයි මාව වංචා කරන්ට ඔය විදිහට මාත් එක්ක ඔය කතා කියන්නේ. එනිසා මං දෙවෙනි වතාවටත් මේ ප්‍රකාශය පවසා සිටිනවා. කපිල පුරෝහිතය, තොප වයසින් බාලයි! කණිෂ්ඨයෙක්! කෝරකලම්බ තමයි වයසින් වැඩිමහලු ජ්‍යෙෂ්ඨයා!"

එතකොට ම චේතිය රජ්ජුරුවන්නේ දෙපා ගොප්ඇටය දක්වා පොළොවෙහි ගිලුනා. කපිල බ්‍රාහ්මණයා අහසේ සිටිය දී ම නැවතත් කතා කළා. "මහරජතුමනි, තමන් මේ කියන දේ ගැන ආයෙමත් වරක් සලකා බලන්ට." කියා මේ ගාථා පැවසුවා.

(4). **යම් රටක පාලකයෙකුගෙන් -**
කවුරුත් දන්නා සත්‍ය ඇසූ විට
ඔහු අසත්‍ය වූ බොරුවකින් ම -
එයට පිළිතුරු දෙයි නම්
ඒ රටට වසින්නේ -
අකලට වසිනා වැස්ස පමණයි
සුදුසු කල සුදුසු ලෙස -
වැස්ස නම් ඒ රටට වහින්නේ නෑ

එතකොට රජ්ජුරුවෝ කලින් වගේ ම කපිල බ්‍රාහ්මණයාව වයසින් බාල කොට කෝරකලම්බව වැඩිමහලු කොට තුන්වෙනි වතාවටත් ප්‍රකාශ කළා.

එසැණින් ම රජ්ජුරුවෝ කෙණ්ඩා ළඟට යනකල් ම පොළොවෙහි ගිලී ගියා.

"රජතුමනි, ඔබ ඔය කියන දේ ගැන කරුණාකර නැවත වතාවක් සලකා බලන්ට" කියා කපිල බ්‍රාහ්මණයා මේ ගාථාව පැවසුවා.

(5).   චේතිය මහරජුනේ ඔබ -
             සත්‍යය ම පවසා සිටිනවා නම්
        කලින් වගේ හැම දෙයක් ම -
             නැවතත් ලද හැකි වන්නේ
        තවදුරටත් ඔබ මුසා ම කීවොත් -
             පොළොවේ ඇතුළට ම යි යන්නේ

එතකොට රජ්ජුරුවෝ මෙහෙම කීවා. "නෑ.... නෑ... නෑ.... කපිල බ්‍රාහ්මණයෙනි, තොප වයසින් බාල ම යි. කණිෂ්ඨ ම යි. කෝරකලම්බ ම යි වැඩිමහල්ලා. ඔහු ම යි ජ්‍යෙෂ්ඨයා." එසැණින් ම රජ්ජුරුවෝ දණහිස දක්වා පොළොවෙහි ගිලී ගියා.

"භවත් මහරජුනි, කරුණාකර තව එක වතාවක්වත් තමන් ඔය කියන දේ ගැන සලකා බැලුව මැනව" කියා කපිල බ්‍රාහ්මණයා මේ ගාථාවන් පැවසුවා.

(6).   අසනු මැනව මහරජුනේ -
             යමෙක් දන්නා ඇත්ත ගැන ඇසූ විට
        අනිත් කෙනා ඔහුට බොරු කියයි නම් -
             එහි විපාකය භයානකයි
        සර්පයෙකුගේ දිවක් ලෙසින් -
             ඔහුගේ දිව දෙකට බෙදී යනවා

(7). චේතිය මහරජුනේ ඔබ -
සත්‍යය ම පවසා සිටිනවා නම්
කලින් වගේ හැම දෙයක් ම -
නැවතත් ලද හැකි වන්නේ
තවදුරටත් ඔබ මුසා ම කීවොත් -
තවදුරටත් පොළොවේ ය ගිලෙන්නේ

එතකොට රජ්ජුරුවෝ කලින් විදිහට ම "නෑ.... නෑ... නෑ.... කපිල බ්‍රාහ්මණයෙනි, තොප වයසින් බාල ම යි. කණිෂ්ඨ ම යි. කෝරකලම්බ ම යි වැඩිමහල්ලා. ඔහු ම යි ජ්‍යෙෂ්ඨයා." එසැණින් ම රජ්ජුරුවෝ කලවා දක්වා පොළොවෙහි ගිලී ගියා. "භවත් මහරජුනි, මේ අවස්ථාවේ නැවතත් තමන් මේ මොනවාද කියන්නේ කියා සලකා බැලුව මැනව" කියා කපිල බ්‍රාහ්මණයා මේ ගාථාවන් පැවසුවා.

(8). අසනු මැනව මහරජුනේ -
යමෙක් දන්නා ඇත්ත ගැන ඇසූ විට
අනිත් කෙනා ඔහුට බොරු කියයි නම් -
එහි විපාකය භයානකයි
මාලුවාට දිව පිහිටා නැති සේ -
ඔහුටත් තම දිව නැතිවන්නේ

(9). චේතිය මහරජුනේ ඔබ -
සත්‍යය ම පවසා සිටිනවා නම්
කලින් වගේ හැම දෙයක් ම -
නැවතත් ලද හැකි වන්නේ
තවදුරටත් ඔබ මුසා ම කීවොත් -
තවදුරටත් පොළොවේ ය ගිලෙන්නේ

එතකොට රජ්ජුරුවෝ හොඳින් දැන දැන ම කපිල

බ්‍රාහ්මණයාව කණිෂ්ඨයා කළා. ඔහුගේ බාල සහෝදරයාව ජ්‍යෙෂ්ඨයා කළා. එසැණින්ම ඔහුව තම නාභිය දක්වා පොළොවෙහි ගිලී ගියා. කපිල බ්‍රාහ්මණයා නැවත නැවතත් ඉල්ලා සිටියා තමන් මේ කියනා දේ ගැන යළිත් සලකා බලන්ට කියා. මේ ගාථාවනුත් පැවසුවා.

(10). අසනු මැනව මහරජුනේ -
යමෙක් දන්නා ඇත්ත ගැන ඇසූ විට
අනිත් කෙනා ඔහුට බොරු කියයි නම් -
එහි විපාකය භයානකයි
ඔහු නිසා උපදින්නේ ගැහැනු ළමයි පමණයි
පිරිමි දරුවෝ නැත ඔහු නිසා උපදින්නේ

(11). දැන්වත් චේතිය මහරජුනේ
තමා හොඳින් දන්න සත්‍ය එලෙසින් ම කියන්න
සත්‍ය කියා කලින් තිබුණු -
හැම දෙයක් ම යළි ලැබගන්න
නමුත් රජුනි තවදුරටත් කීවෝතින් බොරු
තවදුරටත් පොළොවේ ම ගිලේවී

මෙහෙම කීවත් චේතිය රජ්ජුරුවෝ කපිල බ්‍රාහ්මණයාට ඇහුම්කන් දුන්නේ ම නෑ. උඩඟුකමින් යුක්තව ආයෙමත් කලින් කියූ බොරුව ම ප්‍රකාශයට පත් කළා. එතකොට ඔහුගේ පපුව දක්වා පොළොවෙහි ගිලී ගියා. කපිල බ්‍රාහ්මණයා ආයෙමත් රජ්ජුරුවන්ගෙන් ඉල්ලා සිටියේ තමන් මේ කියනා දේ ගැන නැවත වතාවක් සලකා බලන්ට කියලයි. එසේ කියා මේ ගාථාවනුත් පැවසුවා.

(12). මහරජුනේ මෙය අසන්න
යමෙක් ඉතා හොඳින් දන්න -

ඇත්ත අසා සිටිය විට
ඔහු පවසා සිටින්නේ -
සත්‍යය නොව බොරුවක් නම් -
එහි විපාක භයානකයි
තමන්ට දරු සම්පත් හටගන්නේ ම නෑ
ඉන්න දරුවෝ පවා තමන්ව දාලා යනවා

(13). දැන්වත් චේතිය මහරජුනේ
තමා හොඳින් දන්න සත්‍ය එලෙසින් ම කියන්න
සත්‍ය කියා කලින් තිබුණු -
හැම දෙයක් ම යළි ලැබගන්න
නමුත් රජුනි තවදුරටත් කීවෝතින් බොරු
තවදුරටත් පොළොවේ ම ගිලේවී

චේතිය රජ්ජුරුවෝ කපිල බ්‍රාහ්මණයාට සවන් දුන්නේ ම නෑ. කෝරකලම්බ නමැති පාපී පුද්ගලයා සමග ඇසුරු කිරීමේ දෝෂය නිසා සත්වෙනි වතාවටත් ඒ බොරුව ම දැඩි ලෙස පවසා සිටියා. එතකොට ම පොළොව විවර වුණා. අවීචියෙන් උඩට මතුවූ ගිනි දැලින් ඔහුව වෙලී ගියා. ඒත් එක්ක ම ඔහු යටට ඇදී ගොස් නිරයේ උපන්නා.

භාග්‍යවතුන් වහන්සේ මේ ගාථාවන් වදාළා.

(14)

මහණෙනි, ඒ චේතිය රජු -
කලින් අහස් ගමන් ඇතිව සැපසේ උන්නේ
කපිල ඉසිතුමා විසිනුයි -
ඔහු වෙත ලැබෙනා රජකම අබිසෙස් කෙරුවේ
මුසාවාද පැවසීම නිසා -
ඔහු අන්තයට ම පිරිහී ගියා

මහ පොළොව විවර වී ඔහු හට -
නිරය තෙක් ම වැනසිලා ගියා

(15). එනිසා ලොව නුවණැත්තෝ -
ඡන්ද ද්වේෂ භය මෝහ යන
සතර අගතියෙන් අගතියට යෑම නම් -
කිසිදා පසසන්නේ නෑ
තම සිත දූෂණය නොකොට -
ඉතා සොඳුරු යහපත් වූ
සත්‍ය වචන ම යි නිසි කල -
පැවසිය යුතු වන්නේ

ඊට පස්සේ මහණෙනි, මහජනයා හොඳටෝම භය වුණා. "හප්පේ.... මේ චේතිය රජ්ජුරුවෝ අපගේ ඉර්ෂීන්නාන්සේට ආක්‍රෝශ කරලා හිටං මුසාවාද පවසා අවීචි මහා නරකයට ගියා නොවැ" කියා කම්පා වුණා. චේතිය රජ්ජුරුවන්ට පුතාලා පස්දෙනෙක් හිටියා. පස් දෙනා ම කපිල බ්‍රාහ්මණයා ළඟට දුවගෙන ආවා. "අනේ පින්වතුන් වහන්ස, අපට පිහිට වෙන්ට" කියා කපිල බ්‍රාහ්මණයාගේ දෙපා මුල වැඳ වැටුනා. කපිල ඉසිවරයා මෙහෙම කිව්වා.

"දරුවෙනි, නුඹලාගේ පියා මුසාවාද පවසා නැසුවේ ධර්මය යි! ඉසිවරයාටත් ආක්‍රෝශ කළා. ධර්මය නැසුවා කියන්නේ නුඹලාත් නැසුනා කියන එකයි. දැන් ඉතින් මේ සොත්ථිවතී නුවර වාසය කරන්ට නුඹලාට කැප නෑ" කියලා ඔවුන්ගෙන් හැමට වැඩිමහලු පුත්‍රයාට කතා කළා.

"දරුවෝ මෙහෙ වරෙං... ඔබ නැගෙනහිර දොරටුවෙන් පිටත් වෙලා කෙළින් ම යන්ට. එතකොට

පා සතරයි, සොඬවැලයි, වලිගයයි, පුරුෂ නිමිත්තයි යන සත්තැන ම පොළොවේ පිහිටි සුදෝසුදු හස්තිරාජයෙක් යම් තැනක දකින්ට ලැබෙයි ද ආං එතනයි ඔබේ නගරය සාදා ගත යුත්තේ. ඒ රට හස්තිපුරය නමින් ප්‍රසිද්ධ වේවි."

ඊ ළඟට දෙවෙනි පුත්‍රයාට කතා කළා. "දරුවෝ.... ඔයා දකුණු දොරටුවෙන් පිටත් වෙලා කෙළින් ම යන්ට. එතකොට ඔයාට කිසියම් තැනකදී තනිකර සුදෝසුදු අශ්වයෙක් ව දකින්ට ලැබේවි. එතන ඔබේ නගරය හදාගන්න. ඒ නගරය ප්‍රසිද්ධ වේවි අස්සපුර නමින්."

තුන්වෙනියා අමතා මෙසේ පැවසුවා. "පුත්‍රයා, මෙහෙ වරෙං.... දැන් ඔයා පිටත් වෙන්ට ඕනෑ බටහිර දොරටුවෙන්. පිටත්වෙලා කෙළින් ම යන්ට. එතකොට කිසියම් තැනකදී කේසර සිංහරාජයෙක් ව දකින්ට ලැබේවි. එතන තමයි ඔබේ තැන. එතන නගරය හදාගන්න. ඒ නගරය ප්‍රසිද්ධ වේවි සිංහපුර නමින්."

ඊළඟට සිව්වෙනියාට කතා කළා. "මෙහෙ වරෙං දරුවෝ.... ඔයා උතුරු දොරටුවෙන් පිටත් වෙලා කෙළින් ම යන්න. කිසියම් තැනකදී තනි රත්තරනින් කරපු රෝද තියෙන මැදිරියක් දකින්ට ලැබේවි. ආන්න එතනයි තමුන්නේ නගරය සාදාගත යුත්තේ. එය පංචාල රට නමින් ප්‍රසිද්ධ වේවි."

අන්තිමට පස්වෙනියාට කතා කළා. "දරුවෝ... ඔයාටත් මේ සොත්ථිවතී නගරයේ වසන්ට අවසර නෑ. ඔයා මේ නගරයේ ලොකු චෛත්‍යයක් බඳින්න. ඊට පස්සේ වයඹ දිසාවෙන් නික්මිලා කෙළින් ම යන්ට. එතකොට යම් තැනකදී මහා පර්වත දෙකක් එකිනෙකට වැදිලා 'දද්දර' යන හඬ නිකුත් වෙනවා දකින්ට ලැබේවි.

එතන ඔයාගේ නගරය හදාගන්ට. ඒ නගරය දද්දරපුරය නමින් ප්‍රසිද්ධ වේවි."

එතකොට මහණෙනි, ඒ පුත්කුමාරවරු කපිල ඉසිවරයාට වන්දනා කොට ඔහු කියූ විදිහට ම ගොහින් ඒ ඒ තැන්වල නගර සාදාගෙන වාසය කළා.

මහණෙනි, දේවදත්ත බොරු පවසා මහ පොළොව පලාගෙන ගියේ මේ ආත්මේ විතරක් නොවේ. මහණෙනි, එදා කපිල බ්‍රාහ්මණයා කොතෙකුත් වළක්වන්ට මහන්සි ගත්තත් තමන් සිතාගත් බොරුව ම පවසා පොළොවේ ගිලී නිරයේ උපන් චේතිය රජු වෙලා සිටියේ දේවදත්ත. එදා කපිල බ්‍රාහ්මණයා වෙලා සිටියේ මම" යි කියා භාග්‍යවතුන් වහන්සේ මේ ජාතකය නිමවා වදාළා.

07. ඉන්ද්‍රිය ජාතකය

ඉන්ද්‍රිය අසංවර වීමෙන් දුක් විඳීම ගැන කතාව

පින්වතුනේ, පින්වත් දරුවනේ,

මේ ලෝකයේ ජීවත් වෙන අය නිතර සිතන්නේ මොනවාහරි කරලා තමන්ගේ ඇස, කන, නාසය, දිව, කය හා සිත පිනව පිනවා සතුටු කරන්නයි. හැබැයි ඔවුන් ඒ ආශ්වාදය ගැන විතරයි හිතන්නේ. ඒ වෙනුවෙන් තමන් රැස් කරන දේ ගැන දන්නේ නෑ. එයින් ලැබෙන භයානක විපාක ගැන දන්නෙත් නෑ. නිරයේ උපදිනවා කියා දන්නෙත් නෑ.

නමුත් භාග්‍යවතුන් වහන්සේ ලෝකයේ පහළවෙලා නුවණැති මිනිසුන්ව ඒ භයානක අනතුරින් මුදවා ගැනීම පිණිස මාර්ග ප්‍රතිපදාව වදාළා. පැවිදි ජීවිතය හඳුන්වා දුන්නා. පැවිද්දෙකුගේ ජීවිතයේ සාර්ථකත්වය සම්පූර්ණයෙන් ම රඳාපවතින්නේ ඉන්ද්‍රිය සංවරය මතයි. ඉන්ද්‍රිය අසංවර වුණොත් ඔහුගේ පැවිද්ද ක්‍රමයෙන් විනාශ වෙනවා. භාග්‍යවතුන් වහන්සේ වැඩ සිටි කාලයේදී පවා ඇතැම් පැවිද්දන් එවැනි තත්වයන්ට ගොදුරු වෙන්ට ගොහින් තියෙනවා. භාග්‍යවතුන් වහන්සේගේ මැදිහත්

වීමෙන් ම යි ඔවුන්ට යහපත සැලසෙන්නේ. මෙය එබඳු කතාවක්.

ඒ දිනවල අපගේ භාග්‍යවතුන් වහන්සේ වැඩසිටියේ සැවැත් නුවර ජේතවනයේ. ඔය කාලේ සැවැත් නුවර සිටි එක්තරා උපාසකයෙක් භාග්‍යවතුන් වහන්සේගේ ධර්මය අසා බොහෝ සෙයින් චිත්තප්‍රසාදයට පත් වුණා. තමන්ටත් බුදු සසුනේ පැවිදිව උතුම් ධර්මයේ හැසිරෙන්ට ආසාවක් ඇති වුණා. ඉතින් මේ උපාසක ගෙදර ගිහින් තමන්ගේ බිරිඳට කරුණු කියා දරුවන්ගේ කටයුතු බිරිඳට පවරා ඉතාම ශ්‍රද්ධාවෙන් භාග්‍යවතුන් වහන්සේ වෙත ගිහින් පැවිද්ද ඉල්ලා සිටියා. භාග්‍යවතුන් වහන්සේ ඔහුට පැවිදි බව ලබා දුන්නා.

නවක භික්ෂුවක් වන මොහු ආචාර්ය උපාධ්‍යායන් වහන්සේලා සමඟ පිඬුසිඟා වඩිද්දී භික්ෂූන් බොහෝ සිටින නිසා නිවසක හෝ දානශාලාවක හෝ වාඩිවෙන්ට ආසනයක් ලැබෙන්නේ නැති තරම්. දානයත් ලැබෙන්නේ බෙදා අවසන් වන කොටසයි. ඇතැම් විට යැපෙන පමණට ලැබෙන්නේ නෑ. එවන් අවස්ථාවක නවක භික්ෂුවක් කළ යුත්තේ ඉවසීම පුරුදු කිරීමයි. කලක් යන විට ඒ හැම දෙයක් ම විසඳෙනවා. නමුත් මේ නවක භික්ෂුව කළේ ඉවසීම නොවේ. තමන්ට ලැබුණු දානය රැගෙන තමන්ගේ ගිහි කළ බිරිඳ ඉන්නා නිවසට යාමයි.

ඈ හනික පෙරට විත් වන්දනා කොට පාත්‍රය අතට ගත්තා. ප්‍රණීත සූපව්‍යඤ්ජනාදියෙන් දානය සකසා පූජා කළා. එතකොට මේ භික්ෂුවගේ ඉන්ද්‍රියයන් අසංවර වුණා. රස තෘෂ්ණාවට බැඳී ගියා. එතකොට තමන්ගේ ගිහි කළ බිරිඳ හදා දෙන කෑම් බීම්වලට බැඳී ගියා. එය

සිතින් අත්හරින්ට බැරිව ගියා. දැන් දිගින් දිගට ම දානය අරගෙන ගෙදරට ඇවිත් වළඳන්ට පටන් ගත්තා.

බිරිඳ මෙහෙම කල්පනා කළා. 'හෝ... අපේ එක්කෙනාට සිවුර එපා වෙලා වගෙයි. ආයෙමත් මට බැඳුනු සිතක් ඇති වෙලා ද දන්නෑ. කෝකටත් විමසන්ට ඕනෑ' කියලා දවසක් උපායක් යෙදුවා. එක්තරා ජනපද මනුෂ්‍යයෙක්ව සුදු මැටියෙන් නහවලා ගෙයි වාඩි කෙරෙව්වා. තවත් මිනිසුන් කීපදෙනෙක්වත් කැඳෙව්වා. ඔවුන්ට කන්ට බොන්ට දුන්නා. ගොන්නු බැඳපු ගැලකුත් බඩු පුරවා ගේ ඉස්සරහ නැවැත්තුවා. තමන් ගේ පිටිපස්සේ කුස්සියේ වාඩි වෙලා කැවුම් බැද්දා.

එදාත් නවක භික්ෂුව ඇවිදින් ගේ ඉදිරියේ සිටගත්තා. මිනිසෙක් කුස්සියට ගිහිං කීවා. "ආං... භික්ෂූන් වහන්සේ නමක් ගේ දොරකඩ ඉන්නවා" කියලා. "අනේ මල්ලියේ ගිහිං කියහං වෙන ගෙදරකට වඩින්ට කියාලා." ඔහු ගිහින් කීවා. නැවත නැවතත් කීවා. නමුත් ඒ භික්ෂුව එහෝම ඉන්නවා.

"හරි වැඩේනෙ අක්කේ... ඒ උන්නාන්සේ එහෝම ඉන්නවා. අපිට ඇහුම්කන් දෙන්නෑ."

"කෝ... බලන්ට... කවුදෑ මේ තෙරුන්නාන්සේ" කියලා මහළන්දෑ එළියට ඇවිත් හිසේ අත් බැඳගෙන මෙහෙම කීවා. "හප්පේ... මේ අපේ දරුවන්නේ තාත්තා නොවැ. හම්මේ... වඩින්ට... වඩින්ට... කෝ දෙන්ට පාත්තරේ."

ඊටපස්සේ ගෙට වඩම්මාගෙන දානෙ දුන්නා. දන් වළඳා අවසන් වුණාට පස්සේ ඒ භික්ෂුවට ආඩපාලි

කියන්ට පටන් ගත්තා. "හහ්... මදෑ... මං දැන් ගෙදර තනි වුණා. ඒ මදිවට දානෙත් හදා දීපංකෝ... අනේ ස්වාමීනී, ඔබවහන්සේ සැවැත් නුවර ම පිරිනිවන්පාන්ට. මං මෙතෙක් දවසක් සැමියෙක් නැතිව අසරණ වෙලා හිටියේ. වෙන මිනිහෙක්ගේ මූණ බැලුවේ නෑ. දැන් කරන්ට දෙයක් නෑ. මට හොඳ එක්කෙනෙක් හම්බවුණා. එයා මට ආදරෙන් සලකාවි. ටිකක් ඈත. මං ඒ ඈත ජනපදයට යන්ට සූදානම් වෙනවා. ඔහේ අප්‍රමාදීව වසන්ටකෝ. මගෙන් වරදක් වුණා නම් මට සමාවෙන්ට. මොනා කරන්ට ද... මට... දුකායි."

එතකොට අර භික්ෂුවගේ පපුව පැලෙන්ට තරම් මහා දුකක් හටගත්තා. හැම දෙයක් ම අමතක වුණා. "නෑ... නෑ... ඔයා මක්කටෙයි දුර ඈත යන්නේ... මං ඉන්නවා නොවැ. මට පුළුවනි ඔයැයිට සලකන්ට. මං උපැවිදි වෙලා එන්නං. මට අසවල් තැනට සරමක් එවන්ට හොඳේ. මං ගොහින් මේ පාත්තරා සිවුරු ආචාර්යන් වහන්සේට භාර දීල එන්නම්" කියලා හනික ජේතවනයට පිටත් වුණා. සිවුරු පිරිකර ආපසු දෙන්ට ආචාර්යඋපාධ්‍යායයන් ළඟට ගියා.

"හෝ... ඇවත... මේ මොකෝ... මේ... හදිස්සියේ?"

"එහෙමයි... හදිස්සියක්... අපේ මායියා අසරණයි. ඉතිං මං... ආපසු යන්ට කියාලා."

"නෑ... නෑ... පෝඩ්ඩක් ඉම්මු. කෝ එහෙනම් ඔක්කෝට ම කලිං අපි භාග්‍යවතුන් වහන්සේව බැහැ දැකලා ම අවසර ගම්මුකෝ."

"ම්... නෑ... ස්වාමීනී... මං පස්සේ එන්නම්. දැන් බෑ."

"හම්මේ... බෑ කියලා ඇහැක... යමු යමු... කෝ... මෙහෙ එමු..." කියලා ඔහුව භාග්‍යවතුන් වහන්සේ ළඟට අකැමැත්තෙන් ම කැඳවාගෙන ගියා.

භාග්‍යවතුන් වහන්සේ ඒ භික්ෂුවගෙන් සිවුරු හැර යන්ට සිතුණු කාරණාව කුමක්දැයි විමසා සිටියා.

"අනේ ස්වාමීනී... අපේ ගෙදර හාමිනේ ඉන්නවා නොවැ. ඉතින් ඈ හොඳටෝම අසරණයි. මං නොගියොත් ඈ කරදරේ වැටෙනවා."

"නෑ භික්ෂුව... ඒක නොවෙයි උනේ. ඔබ රස තෘෂ්ණාවෙන් බැඳුණා. එතකොට ඈ උපායශීලීව ඔබව පොළඹවා ගත්තා. ඔබගේ විමුක්තියට අන්තරාය කරන්ටයි ඈ හදන්නේ. ඒ ගැහැණිය ඔබට අනතුරු කළේ මේ ආත්මේ විතරක් නොවේ. පෙර ආත්මෙකත් ඔබ ඔය ගෑණි නිසා ම තමන් ලත් ධ්‍යාන හතරින් ම පිරිහිලා මහා දුකකට පත් වුණා. එදා ඔබට ආයෙමත් පිරිහී ගිය ධ්‍යාන උපදවාගෙන සැනසීම ඇති කරගන්ට පුළුවන් වුණේ මං මැදිහත් වූ නිසයි" කියා මේ අතීත කතාව ගෙනහැර දක්වා වදාළා.

"මහණෙනි, ගොඩාක් ඉස්සර කාලේ බරණැස්නුවර බ්‍රහ්මදත්ත නමින් රජ්ජුරු කෙනෙක් රාජ්‍ය කරමින් සිටියා. ඔය කාලේ මහාබෝධිසත්වයෝ පුරෝහිත බ්‍රාහ්මණයාගේ බිරිඳගේ කුසේ පිළිසිඳගත්තා. කුමාරයා උපන්න දවසේ මුළු බරණැස් නුවර ම ආයුධ දිලිසී ගියා. මේ නිසා පුරෝහිත බ්‍රාහ්මණ තම පුත් කුමාරයාට 'ජෝතිපාල' කියා නම තැබුවා. කුමාරයා නිසි වයසේදී තක්සිලා ගොහින් හොඳින් ශිල්ප ශාස්ත්‍ර හදාරා ඇවිත් රජ්ජුරුවන්ට ශිල්ප දැක්වුවා. තමන්ට ලැබුණු සියලු යසඉසුරු අත්හැරිය

මොහු කාටවත් ම නොදන්වා ප්‍රධාන දොරටුවෙන් ම නික්මිලා වනාන්තරේට ගියා. මොහු වනයට එන බව සක්දෙවිඳු දන්නවා. මොහු වෙනුවෙන් දිවුල් ලීයෙන් කළ කුටියකින් යුතු අසපුවක් සක්දෙවිඳු විසින් පිළියෙල කොට දුන්නා. ඒ නිසා එය කවිට්ඨක ආශ්‍රමය නම් වුණා. ඉතින් බෝධිසත්වයෝ ඍෂි පැවිද්දෙන් පැවිදි වෙලා සුලු කලකින් ධ්‍යාන අභිඥා උපදවාගෙන වාසය කළා. එහි වාසය කරන බෝධිසත්වයන්ට නොයෙක් සිය ගණන් ඍෂිවරු ඇවිත් පිරිවරට එක් වුණා. ඒ කාලේ බෝධිසත්වයෝ ප්‍රසිද්ධ වුණේ 'සරභංග ශාස්තෘන් වහන්සේ' කියලා. මේ සරභංග ඍෂිතුමාට ප්‍රධාන ශිෂ්‍යයෝ සත්දෙනෙක් සිටියා.

ඔවුන්ගෙන්, 1. සාලිස්සර නමැති ඉසිවරයා කවිට්ඨක ආශ්‍රමයෙන් නික්මිලා සූරට්ඨ ජනපදයට ගියා. එහි 'සාතෝදිකා' නදී තෙර නොයෙක් දහස් ගණන් ඍෂිවරුන් පිරිවරාගෙන වාසය කළා.

2. මෙණ්ඩිස්සර නමැති ඉසිවරයා පජ්ජෝත රජ්ජුරුවන්නේ විජිතයේ ලම්බචූළක නම් ගම ඇසුරු කොට නොයෙක් දහස්ගණන් ඍෂිවරුන් පිරිවරාගෙන වාසය කළා.

3. පර්වත නමැති ඉසිවරයා එක්තරා වනගත ජනපදයක් ඇසුරු කරගෙන නොයෙක් දහස් ගණන් ඍෂිවරුන් පිරිවරාගෙන වාසය කළා.

4. කාළදේවල නමැති ඉසිවරයා අවන්ති දක්ෂිණාපථයට ගියා. එහි ඒකඝන ශෛලමය පර්වතයක් ඇසුරු කොට ගෙන නොයෙක් දහස් ගණන් ඍෂිවරුන් පිරිවරාගෙන වාසය කළා.

5. කිසවච්ඡ නමැති ඉසිවරයා හුදෙකලාවේ ම දණ්ඩකී රජ්ජුරුවන්නේ කුම්භවතී නම් නගරය ඇසුරු කොට රාජෝද්‍යානේ වාසය කළා.

6. අනුශිෂ්‍ය තාපසයා බෝධිසත්වයන්ට උපස්ථාන කරමින් උන්වහන්සේ ළඟ ම වාසය කළා.

7. නාරද නමැති ඉසිවරයා කාලදේවල ඉසිවරයාට වඩා බාලයි. ඔහු මධ්‍ය ප්‍රදේශයේ අරණ්‍යයක අරඤ්ජර ගිරි කියන කඳු වළල්ලේ එක්තරා ගුහාලෙණක වාසය කළා. අරඤ්ජර ගිරි පර්වතයට නුදුරින් බොහෝ මිනිසුන් සිටින කුඩා නගරයක් තියෙනවා. ඒ අතරේ මහා ගංගාවක් තියෙනවා. ඒ නදියට බොහෝ මිනිස්සු නාන්ට එනවා. එතකොට නාන්ට එන මිනිසුන්ව කාමයට පොළඹවා ගැනීමට ඉතාමත් ශෝභාසම්පන්න වෙසඟනුන් නදී තෙර ඇවිත් ඉඟි බිඟි කරමින් වාඩිවෙලා ඉන්නවා.

නාරද තාපසයින්ට ඔවුන්ගෙන් එකියක දකින්ට ලැබුණා විතරයි පිස්සු වැටුණා වගේ උනා. කාම සංකල්පනා බලවත් වීමෙන් තමන් තුළ උපදවාගෙන තිබූ ධ්‍යාන අතුරුදහන් වුණා. දැන් නාරදට කෑමබීමත් එපා වුණා. ගල්ලෙනට ගොහින් කාම දාහයෙන් දැවි දැවී හූල්ල හූල්ලා සත්දිනක් ම ඔහේ වැතිරී සිටියා.

කාලදේවල තවුසා තම සොයුරු තවුසා ගැන ආවර්ජනා කොට බලද්දී මොහු රාග ගින්නෙන් දැවි දැවී අසරණව ඉන්නා හැටි දැක්කා. දැකලා අහසෙන් ඇවිත් ලෙණට ඇතුලු වුණා. නාරද ඇස් ඇරලා බැලුවා.

"ම්... හ්... ඕ... භවතාණන් මොකෝ මේ පැත්තේ ආවේ?"

"අපේ භවත, තමුන්නේ පැවිද්දට නුසුදුසු දෙයක් නේද සිත සිතා ඉන්නේ? ඉතිං භවතුන්ට උපකාර උපස්ථාන කරන්ටයි මං ආවේ."

"මේ... මට එහෙම එකක් නෑ. භවතා මට ඔවැනි බොරු හිස් ලාමක කතා කියාගෙන එන්ට එපා ඕං" කියලා කාලදේවල ඉසිවරයාට බොරුවෙන් චෝදනා කළා.

එතකොට කාලදේවල තවුසා "මොහුව අත්හැර දමන්ට හොඳ නෑ" කියා සාලිස්සර ඉසිවරයාව කැඳවාගෙන ආවා. මෙණ්ඩිස්සර ඉසිවරයාවත් කැඳවාගෙන ආවා. පර්වත ඉසිවරයත් කැඳවාගෙන ආවා. අනිත් තුන්දෙනාටත් නාරද බොරුවෙන් නිග්‍රහ කළා.

කාලදේවල තවුසාගේ එක උත්සාහයක්වත් හරි ගියේ නෑ. 'අපගේ සරභංග ශාස්තෘන් වහන්සේවවත් කැඳවාගෙන එන්ට ඕනෑ. නැතුව මෙයැයිව බේරාගන්ට බැරිය' කියා සිතා අහසින් ගොස් සරභංග ඍෂිතුමාව කැඳවාගෙන ආවා. සරභංග ඍෂිතුමා ඇවිත් නාරද දෙස බලා 'හෝ... මොකෝ නාරදයෙනි මේ...? නුවණින් තොරව කල්පනා කරන්ට ගොහින් ඉන්ද්‍රියයන් අසංවර වෙලා ඉන්ද්‍රියවසඟයට ගියා නේද!" කියා ඇසුවා.

එය ඇසූ නාරදට තේරුණා තවදුරටත් සඟවන්ට බැරි බව. අමාරුවෙන් නැගිට සරභංග ඍෂිතුමාට වන්දනා කොට "එහෙමයි ආචාර්යපාදයෙනි" කියා පිළිතුරු දුන්නා.

"නාරදයෙනි, ඔහොම තමයි. ඉන්ද්‍රියයන්ගේ වසඟයට ගියොත් තමන්ට මේ ජීවිතයේ ඔය විදිහට සුසුම් හෙල හෙලා වියලී ගිහින් දුක් අනුභව කරන්ට

තමයි තියෙන්නේ. මරණින් මතු ඊළඟ ආත්මේ නිරයේ උපදිනවා" කියා මේ ගාථාව පැවසුවා.

(1)

කාම කෙලෙස්වලට හසුව එයට මුළා වී ගොසින්
ඉඳුරන්ගේ වසඟයකට යමෙක් යයි ද මේ ලොවේ
මිනිස් ලොවත් දේවලොවත් දෙක ම ඔහුට වරදිනවා
වියලී දුක් මෙහි විඳිමින් යළි නිරයේ උපදිනවා

මෙය ඇසූ නාරද තම ආචාර්යපාදයන්ට මෙසේ පිළිතුරු දුන්නා. "අනේ ආචාර්යපාදයෙනි, මං තේරුම් අරං සිටියේ කම්සැප අනුභව කිරීම ඉතාම සැපවත් දෙයක් කියලයි. ඉතින් එබඳු වූ සැපවත් වූ කම්සැපය දුකක් ය කියන්නේ ඇයි?"

"එසේ නම් නාරදයෙනි මෙයත් අසන්ට" කියා මේ ගාථාව පැවසුවා.

(2)

කම් සැපයට මුලා වෙලා එහි ම ගිජුව ඉන්න කෙනා
සැපසේ මෙහි ගත කරලා නිරයේ උපතට යනවා
සිල් ගුණ දම් රැක ඉඳුරන් සංවරකොට ඉන්න කෙනා
දුකසේ මෙහි ගත කරලා සගමොක් සුවයට යනවා
නාරදයෙනි තොප දැන් මෙහි දැහැන් සුවත් වනසාගෙන
සුසුම් හෙලා වියලී ගොස් මහා දුකක් නොවැ විඳින්නෙ
දැන්වත් සිහිනුවණ ලබා කැමති වන්න දැහැන් සැපට

එතකොට නාරද මෙහෙම කීවා. "ආචාර්යපාදයෙනි... අනේ මේ දුක නම් උහුලාගන්ට හරිම අමාරුයි. ඒක ඉවසා දරාගන්ට නම් කොහෙත් ම බෑ."

එතකොට බෝධිසත්වයෝ "නාරදයෙනි, දුකක් හටගත්තා ම මොනා කරන්ට ද, එය උසුලා දරාගන්ට වෙනවා නොවැ" කියා මේ ගාථාව පැවසුවා.

(3)

තමන්ට දුක් පැමිණි කලට ඒ දුක් ඉවසා දරා
යමෙක් මඩියි නම් ඒ දුක සිතට සවිය ගෙන වඩා
ඒ නුවණැතියා ලොවේ දුක අවසන් කොට සොඳින්
මතු කරගෙන දැහැන් සුවය ලබයි සතුට යළි සොඳින්

එය ඇසූ නාරද ආයෙමත් බැගෑපත් වුණා. "අනේ ආචාර්යපාදයෙනි, අනේ ඒ උනාට කම්සැප අනුභව කිරීම උත්තම සුවයක් කියල ම යි මට සිතෙන්නේ. ඒක සිතෙන් ඉවත් කරගන්ට බෑ නොවැ."

"නෑ... නාරද... ධර්මය කියන දෙය මොන ම හේතුවක් නිසාවත් නසා නොගත යුතුයි" කියා මේ ගාථාව පැවසුවා.

(4)

ගුණදහමට උදව් නොමැති යහපතකට උදව් නොමැති
ලාමක වූ කම්සුවයට ආසා නොකළ යුතු කිසි විට
කැපවීමෙන් වෙහෙසීමෙන් ලැබූ දැහැන් ගුණය නසා
ධර්මයෙන් චුත වීම නම් කිසිසේත් සුදුසු නැත්තේ

ආචාර්යපාදයන්ගේ ගාථාවන් ඇසූ කාලදේවල ඉසිවරයා තම බාල සහෝදර තාපසයාට අවවාද කරමින් මේ ගාථාව පැවසුවා.

(5)

ගිහිගෙයි සිටිනා ගිහියෙක් -
ධනය සොයා වෙහෙසුනාට ඔහුට කමක් නැත්තේ

තමා සොයා ගත් ධනයෙන් -
බෙදා හදා කෑම බීම ඔහුට කමක් නැත්තේ
යස ඉසුරින් දියුණු වෙලා -
උඩඟු නැතිව කල්ගෙවීම ඔහුට කමක් නැත්තේ
එසෙයින් නාරදය තොපත් -
ධ්‍යානයන් නැති වීමට දුක් නොවී සිටින්න
ඉඳුරන්ගේ වසඟයකට -
ඔබ නොගොසින් සිටියෝතින්
යළිත් වරක් ඒ ධ්‍යාන - හැකිවේ ම ය උපදවන්න

ඉතින් මහණෙනි, ඔන්න ඔය විදිහට කාලදේවලත් නාරදට අවවාද වශයෙන් කරුණු කීවා" යයි වදාරා මේ ගාථාවත් වදාළා.

(6). **කාලදේවල පැවසුවේ නම් යමක්**
උගත්කම් ඇත්තේ ද එපමණට ම යි ලොවේ
යමෙක් ඉඳුරන්ගේ වසඟයට ගොසින්
බඹසරින් චුත වෙයි නම්
එයටත් වඩා ලාමක දෙයක් -
මේ ලොවේ වෙන නැත්තේ

මහණෙනි, ඊටපස්සේ සරභංග ඍෂිතුමා නාරදට කතා කළා. "නාරද හොඳට අසන්ට. ඔබ මුලින් ම කළයුතු දේ කළේ නෑ. ඒක හරියට වනාන්තරයට ගිය තරුණයා අන්තිමට හඬා වැලපී ශෝක කළා වගේ වැඩක්" කියා මේ අතීත කතාව ගෙනහැර දැක්වුවා.

"නාරද, ගොඩාක් ඉස්සර කාලෙ කාසි රටේ එක්තරා බ්‍රාහ්මණ තරුණයෙක් හිටියා. මොහු ඉතාම කඩවසම්. ඒ වගේ ම ශක්ති සම්පන්නයි. ඇතෙකුගේ සවිය තියෙනවා. දවසක් ඔහු මෙහෙම සිතුවා. 'හනේ...

මේ ගොවිතැන්, වෙළඳාම් ආදිය කරලා මං මක්කටෙයි මාපියන්ට සලකන්නේ! අඹු දරුවෝ වටකරගෙන ඉඳලා ඇති එලේ මොකක්ද! දන් පින් කරන්නේ මක්කටෙයි හැබැට. අනේ මට මේ එකකින්වත් වැඩක් නෑ. මං යනවා වනාන්තරේට. එහේ මට ඕනෑ තරම් සතාහීපාවා ඉන්නවා නොවැ. මං දඩයමක් කරගෙන මාව විතරක් පෝෂණය කරනවා' කියලා මොහු පංචායුධයෙන් සන්නද්ධ වෙලා හිමාලෙට ගියා. ගිහින් දඩයම් කර කර මස් කකා දිගටම ගියා. ගිහින් හිමාලයේ කොනක විධවා කියන ගං තෙර කඳු වළල්ලක මැදට ගොස් දඩයම් කරගෙන මස් පුළුස්සා කමින් දිගටම වාසය කළා.

දවසක් මොහු මෙහෙම සිතුවා. 'මට හැමදාම මෙහෙම ශක්ති සම්පන්නව ඉන්ට වෙන්නේ නෑ. දුර්වල කාලයක් එනවා නොවැ. එදාට මෙහෙම වනාන්තරේ එළිමහනේ ඉන්ට බෑ. මං මේ කඳුවළල්ල වට කොරලා වැටක් ගහනවා. දඩයමට ගන්ට ඇහැකි හැම සතෙක් ම කොටු කොරගන්නවා. ඉන් පස්සේ මට යන්ට දොරක් දාගන්නවා' කියලා ඒ විදිහට ම කළා. කාලයාගේ ඇවෑමෙන් මොහු ටිකෙන් ටික ලෙඩ උනා. කර්ම විපාකයේ දිට්ඨධම්ම විපාක පලදෙන්ට පටන් ගත්තා. ඇඟ පුරා ම වේදනා රිදුම් දුන්නා. අත් පා එහාට මෙහාට පෙරලන්ට බැරිව ගියා. දැන් මොහුට කිසිම කෑමක් බීමක් නෑ. ශරීරය වියලී ගියා. මනුස්ස ප්‍රේතයෙක් වගේ දිස් වුණා. පායන කාලයට පොළොව ඉරිතැලී යනවා වගේ මොහුගේ සරීරයත් ඉරි තැලී ගියා. මොහු ඉතාම විරූපීව මහා දුකක් අනුභව කළා.

කලක් ගතවෙද්දී සිවි රටේ සිවි රජ්ජුරුවන්ට වනාන්තරේට ගොහින් දඩයම් කරලා අඟුරුපල්ලේ දාලා

පිළිස්සූ මස් කන්ට ආසාවක් උපන්නා. එතකොට ඔහු ඇමතිවරුන්ට රජය භාරදීලා පංචායුධයෙන් සන්නද්ධව හිමාල වනයට ඇතුළු වුණා. ඇතුළු වෙලා සත්තු දඩයම් කරගෙන මස් කමින් ජීවත් වුණා. ක්‍රමයෙන් වනයේ ඇවිද යද්දී අර පුද්ගලයා හිටිය තැනටත් ආවා. ඔහුව දැක්ක ගමන් රජ්ජුරුවෝ භය වුණත් සිතට ධෛර්යය අරගෙන "එම්බල තෝ කවුද?" කියා ඇසුවා.

"අනේ ස්වාමී... මං මනුස්ස පෙරේතයෙක්. මං ම කරගත්තු අකුසල් තමයි දැන් මේ විඳවන්නේ. අනේ තමුන්නාසේ කවුද?"

"මං තමයි සිවි රටේ රජ්ජුරුවෝ."

"අනේ හොඳා... ඉතින් තමුන්නාන්සේ මේ හිමේට වැඩියේ මොකෝවත් විශේෂ කාරණාවක් ද?"

"ඔව්... මට ඕනෑ වුණා සත්තු දඩයම් කරලා හිටං උන්නේ මස් අඟුරුපල්ලේ දමාලා පුළුස්සාගෙන කකා ඉන්ට. ඒකයි මං ආවේ... ඔව්... මං දැන් ඒ වැඩේ කොරගෙන යනවා."

"අනේ මහරජ්ජුරුවන් වහන්ස, මාත් ආවේ ඕකට ම යි. ඉතිං මං .... ඕං ඔහොමයි ජීවත් වුණේ.... අනේ මට වැරදුණා දෙයියෝ.... වැරදුණා" කියා මේ ගාථාව පැවසුවා.

(7). **සිවි මහරජතුමනි අපේ -**

යමෙක් හසුවුණොත් බිහිසුණු සතුරන් අතට

මට මේ උනා වගේ -

ඔහුටත් මහ දුකක් ම පැමිණෙනවා

ලොවේ නොයෙක් දෑතේ වැඩත් තියෙද්දී -
සිප්සතරත් තියෙද්දී
ධන උපයන දක්ෂකමත් තියෙද්දී -
කසාද බැඳිලි තියෙද්දී
සීලාදී ගුණ දහමුත් -
මුදු මොළොක් වදන් කීම පවා තියෙද්දී

(8). මං ඒ හොඳ කිසිම දෙයක් -
මයෙ දිවියට ගත්තෙ නෑ
දඩයමේ ඇවිත් සතුන් මරා මස් කකා -
මං කළ දේ මට විපාක දුන්නා
දැන් මේ මනුස්ස ප්‍රේතයෙක් වෙලා -
මං ඉපදී ඉන්නේ
ඔට්ටුවකින් දහසක් දේ පැරදුණා වගේ -
මට නෑයෙක් නෑ කිසි පිහිටක් නෑ
සත්පුරුෂ දහම මං අත්හළ නිසා -
මට ප්‍රේතයෙක් වෙන්ට වුණා අහෝ!

(9)

සැපසේ ඉන්ට ආස සතුන්ව මං - දුකට පත් කළා
ඒ නිසා ම අනේ මාත් - මිනිස් ප්‍රේත බවට පත් වුණා
මගෙ සිත කය දනවා අයියෝ - කිසිම සැපක් නැත්තේ

"අනේ මහරජතුමනි... මට වෙච්චි දේ පේනවා නොවැ. අයියෝ මං මගේ සැපයට කැමති වෙලා බොහෝ සතුන්ගේ සැප නසා දැම්මා. ඔවුන්ව බොහෝ දුකට පත් කළා. මට ඒක මේ ලෝකේදී ම පලදුන්නා. මනුස්ස ප්‍රේතයෙක් වුණා. අනේ රජතුමනි, ඔය දඩයම නවත්තලා ආපසු සිවි රටට වඩින්ට. අයෙත් නම් දඩයම් පිණිස එන්ට එපා. එහෙ ගොසින් දානාදී පිං කරගන්ට."

රජ්ජුරුවෝ හොඳටෝම භය වුණා. ඉක්මනින් ම ආපසු සිවි රටට ගියා. ආයෙත් නම් වනය පැත්ත පළාතේ ආවේ නෑ. හොඳින් ගුණ දම් ඇති කරගත්තා. දානාදී පිං කරගත්තා. ඔහු මරණින් මතු දෙවියන් අතරේ උපන්නා.

මහණෙනි, සරභංග සෘෂිතුමා ඔය කතාව නාරදට කිව්වා. නාරදට සිහි උපන්නා. මහා කළකිරීමකට පත් වුණා. සරභංගයන්ට වන්දනා කොට සමාව ගත්තා. කසිණ භාවනාව පටන් ගත්තා. නැති ධ්‍යානයන් ආයෙමත් උපදවා ගත්තා. සරභංග සෘෂිතුමා නාරද තවුසාට එතැන වසන්ට නොදී තමන් සිටි අසපුවට කැඳවාගෙන ගියා.

මෙය වදාළ භාග්‍යවතුන් වහන්සේ චතුරාර්ය සත්‍ය ධර්මය වදාළා. ඒ දෙසුම අවසානයේ සිවුරු හරින්ට සිතා සිටි භික්ෂුව සෝවාන් ඵලයට පත් වුණා. මහණෙනි, එදා නාරද වෙලා සිටියේ මේ භික්ෂුව. සාලිස්සර වෙලා සිටියේ අපගේ සාරිපුත්තයෝ. මෙණ්ඩිස්සර වෙලා සිටියේ අපගේ මහකස්සප. පර්වත සෘෂිව සිටියේ අපගේ අනුරුද්ධයෝ. කාලදේවල වෙලා සිටියේ අපගේ මහාකච්චානයෝ. අනුශිෂ්‍ය වෙලා සිටියේ අපගේ ආනන්දයෝ. කිසවච්ඡ වෙලා සිටියේ අපගේ මොග්ගල්ලානයෝ. සරභංග වෙලා සිටියේ මම" යි කියා භාග්‍යවතුන් වහන්සේ මේ ජාතකය නිමවා වදාළා.

08. ආදිත්ත ජාතකය

නුවණින් විමසා දන් දීම ගැන කතාව

පින්වතුනේ, පින්වත් දරුවනේ,

අපගේ භාග්‍යවතුන් වහන්සේ ජීවමානව වැඩ සිටින කාලේ බොහෝ ජනයාට දානාදී පිංකම් කරගන්ට නිතර අවස්ථාව උදා වුණා. එක්තරා අවස්ථාවක සැවැත්නුවර නගරවාසීනුත් කොසොල් මහරජ්ජුරුවොත් තරඟයකට වගේ දන් දුන්නා. ඒ හැම අවස්ථාවේ ම සැවැත්නුවර නගරවාසීන් රජ්ජුරුවන්ව පරදින්ට දන් දුන්නා. රජ්ජුරුවෝ මේ ගැන දුකින් ඉන්නා අවස්ථාවක මල්ලිකා බිසොවගේ සැලසුමක් මත අසදෘශ මහා දානය නමින් දානයක් දෙන්ට රජ්ජුරුවන්ට පුළුවන් වුණා. රජ්ජුරුවෝ දින්නා. ඒ දානය පරදවන්ට කාටවත් ම බැරි වුණා. ඒ දානය මුල්කොටයි අපගේ භාග්‍යවතුන් වහන්සේ මේ ජාතකය වදාළේ.

ඒ දිනවල අපගේ භාග්‍යවතුන් වහන්සේ වැඩවාසය කළේ සැවැත් නුවර ජේතවනයේ. එදා කොසොල් රජ්ජුරුවන්ගේ දානයට වැඩම කළ භික්ෂූන් වහන්සේලා සවස් වරුවේ දම්සභා මණ්ඩපයට රැස් වී ඒ දානය ගැන කතා කරමින් උන්නා. "ඇවැත්නි, කොසොල් රජ්ජුරුවෝ වෙනත් රජෙකුට කරගන්ට බැරිතරම් මහා පිනක් රැස්කරගත්තා.... උතුම් පිං කෙත නුවණින්

හඳුනාගන්ට රජ්ජුරුවෝ දක්ෂ වුණා. බුද්ධ ප්‍රමුඛ ආර්ය මහා සංඝරත්නයට මෙතරම් අසිරිමත් මහා දානයක් පූජා කරගන්ට ඇහැක් වුණේ ඒ නිසා ම යි."

ඒ අවස්ථාවේ අපගේ භාග්‍යවතුන් වහන්සේ එතැනට වැඩම කොට වදාළා. භික්ෂූන් වහන්සේලා තමන් කතා කරමින් සිටි කරුණ භාග්‍යවතුන් වහන්සේට සැලකොට සිටියා. භාග්‍යවතුන් වහන්සේ මෙය වදාළා.

"මහණෙනි, රජ්ජුරුවෝ නුවණින් තෝරා බේරා ගෙන අනුත්තර වූ පින් කෙත උදෙසා දානයක් පූජා කරගන්නවා කියන්නේ මේ කාලයේ පුදුමයක් නොවේ. පෙර හිටිය නුවණැති පණ්ඩිතවරු පවා නුවණින් තෝරා බේරා ගෙන ම දන් දීලා තියෙනවා" කියා මේ අතීත කතාව ගෙනහැර දක්වා වදාළා.

"මහණෙනි, ගොඩාක් ඉස්සර කාලේ සෝවීර කියන රටේ රෝරුව නගරේ භරත මහා රජ්ජුරුවෝ දසරාජධර්මයෙන් යුක්තව සතර සංග්‍රහවස්තුවෙන් යුක්තව මව්පිය උපස්ථානාදිය කරමින් දුගී මගී යාචකාදීන්ට මහදන් පවත්වමින් රාජ්‍ය පාලනයේ යෙදුණා. රජ්ජුරුවෝ වගේ ම සමුද්දවිජයා නමැති අගමෙහෙසියත් නුවණින් යුක්ත වූ තැනැත්තියක්.

දවසක් මේ රජ්ජුරුවෝ දාන ශාලාවේ කටයුතු බලන්ට ගියා. දුස්සීල වූ ලොල් පිරිසක් දානය අනුභව කරමින් සිටියා. එය දුටු රජ්ජුරුවෝ මාළිගාවට ඇවිත් අගමෙහෙසියට මෙහෙම කිව්වා. "සොඳුරී... අනේ බලන්ට දේවී... අද මං දානෙ බලන්ට ගියා. කිසිම සතුටක් සිතට ඇති වුණේ නෑ... මං අසා තියෙනවා සිල්වතුන්ගෙන් අග්‍ර, දන් පිළිගැනීමෙහි අග්‍ර පසේබුදුවරයන් වහන්සේලා ගැන.

මං නං ආස ම උන්වහන්සේලාට දන් දෙන්ටයි. හිමාලේ ලු නොවැ උන්නාන්සේලා වාසය කරන්නේ. වෙන කාටවත් ම යන්ට බෑ ලු උන්නාන්සේලා වැඩ සිටින තැනට. මෙහි දානෙට වඩින්න කියා ආරාධනා කරලා කවුරුවත් පිටත් කරගන්ට විදිහක් නෑ නොවැ."

"මහරජ්ජුරුවන් වහන්ස, ඔබතුමා ඒ ගැන වැඩිය සිතන්ට එපා. අප දන් දෙන්ට සිතාගෙන ඉන්නා දාන බලයෙන්, අපේ සීල බලයෙන්, සත්‍ය බලයෙන් අපි මල් යවලා පසේබුදුවරයන් වහන්සේලාට ඇරයුම් කරමු. උන්නාන්සේලා වැඩියාම සියලු පිරිකරවලින් යුක්තව දානයක් පූජා කරගනිමු."

"හෝ... එහෙම කරන්ට ඇහැකි නම් හරි අගෙයි" කියා රජ්ජුරුවෝ බොහෝම සතුටු වුණා. ඊට පස්සේ රජ්ජුරුවෝ රෝරුව නගරයේ හැමෝටම සිල් සමාදන් වෙන්ට කියා අඬබෙර ගස්සවා දැනුම් දුන්නා. තමාත් පිරිවර සහිතව උපෝසථ සිල් සමාදන් වුණා. මහාදන් දුන්නා. සමන්පිච්ච මලින් පිරී ගිය සමන් මල් වට්ටියක් ගෙන්වාගෙන ප්‍රාසාදයෙන් බැස රාජාංගනේ සිට නැගෙනහිර දිසාවට හැරී පොළොවේ පසඟ පිහිටුවා වන්දනා කළා.

"නැගෙනහිර දිසාවේ වැඩ ඉන්නා රහතුන් වහන්සේලාට මම වඳිමි. ඉදින් අපේත් යම්කිසි ගුණයක් ඇත්නම් අපට අනුකම්පා කොට අපගේ දානය පිළිග න්ට වඩින සේක්වා" කියා අර සමන්පිච්ච මල් වට්ටියෙන් මල් දෝත පුරා ගෙන මිටි හතක් අහසට වීසි කළා. නැගෙනහිර දිසාවේ පසේබුදුවරයන් වහන්සේලා නෑ. ඒ නිසා ඒ මල් පොළොවට වැටුණා. දෙවෙනි දවසේ දකුණු

දිසාව බලා කලින් වගේම පවසා අහසට මල් වීසි කළා. ඒ මලුත් බිම වැටුණා. තුන්වෙනි දවසේ බටහිර දිසාව බලා කලින් වගේ පවසා මල් අහසට වීසි කළා. ඒ මලුත් බිම වැටුණා. සතරවැනි දවසේ උතුරු දිසාවට වන්දනා කොට කලින් වගේම පවසා මල් මිටි හතක් අහසට වීසි කළා. ඒ මල් එකක්වත් බිම වැටුණේ නෑ. ඒ මල් අහසින් ගියා. හිමාලයේ නන්දමූලක පර්වත බෑවුමේ වැඩ ඉන්නා පන්සියයක් පසේබුදුවරයන් වහන්සේලාට උඩින් ඒ මල් වරුසාවක් වගේ වැටුණා.

එසේ මල් වැටෙන්ට හේතුව කුමක්දැයි උන්වහන්සේලා ආවර්ජනා කොට බැලුවා. භරත රජ්ජුරුවෝ තමන්ට ඇරයුම් කළ බව දැනගත්තා. එතකොට ජ්‍යෙෂ්ඨ පසේබුදුවරයාණෝ සියලු පසේබුදුවරයන් කැඳවා මෙසේ වදාළා. "නිදුක්වරුනි, සෝවීර රටේ රෝරුව නගරේ භරත රජ්ජුරුවෝ රහතුන් වහන්සේලාට දානයක් පුදනු කැමතිවයි ඒ ආරාධනාව ලැබුණේ. හෙට දවසේ හත්නමක් එහි වැඩම කොට භරත රජුට සංග්‍රහ කළ මැනව." ඉතින් පසුවදා පසේබුදුවරයන් වහන්සේලා හත්නමක් දානයට වැඩියා.

දැන් රජ්ජුරුවන්ට හරිම සතුටුයි. උන්වහන්සේලාට වන්දනා කොට ප්‍රාසාදයට වැඩමවා ගත්තා. සුදු පිරුවට එලූ ආසනවල වඩා හිඳුවා මහත් සේ ආදර සත්කාර කොට දන් පූජා කරගත්තා. මෙසේ සත් දවසක් එක දිගටම වඩමවා ගත්තා. සත්වෙනි දවසේ සියලු පිරිකර සූදානම් කරලා සත්රුවනින් කැටයම් කළ ආසනවල වඩා හිඳුවා තුන් සිවුරු සහිතව සියලු ශ්‍රමණ පිරිකර සහිතව දන් පූජා කරගත්තා. රජතුමාත් දේවියත් දෙදෙනා ම උන්වහන්සේලාට වන්දනා කොට එකත්පස්ව සිටියා.

එතකොට එතැන වැඩහුන් ජ්‍යෙෂ්ඨ පසේ බුදුන් මේ ගාථාවලින් අනුමෝදනා බණ පැවසුවා.

(1)

ගිනි ඇවිලගත් විට - තමන් සිටිනා ගේ දොර
හනික ඒ නිවසින් - බඩු ඇද්ද යුතු එළියට
ඒවා පමණි ඔවුන් හට - පසුවට උදව් වෙන්නේ
ගන්ට බැරි වූ හැම දේ - ගේත් සමඟින් දැවී යන්නේ

(2)

අප ලැබූ මේ දිවිය ද -
          ගිනි ඇවිලගත් ගෙයක් වැන්නේ
ජරාවෙන් හා මරණයෙන් -
          කෙමෙන් ගිනිගෙන දැවී යන්නේ
දන් දීමෙන් ම වස්තුව - හනික බැහැරට ගත මැන
එසේ දන් දුන් දෙය මනා සේ -
          ඇවිලෙන ගෙයින් පිටට ගත් දේ බඳු වේ

මෙසේ අනුමෝදනා බණ දේශනා කිරීමෙන් පසු "මහරජුනි අප්‍රමාදීව පින්කම් කරන්ට" කියා අවවාද කොට ඒ පසේබුදුවරයන් වහන්සේ ප්‍රාසාද කොත දෙබෑ වෙන සේ දර්ශනය කරමින් අහසට පැන නැගී නොපෙනී ගියා. උන්වහන්සේට පුදන ලද පිරිකරත් උන්වහන්සේ සමඟ ම නොපෙනී ගියා. නැවත ඒවා පෙනුනේ නන්දමූලක පර්වත බෑවුමේ. රජුගේත් දේවියගේත් සකල ශරීරය ම ප්‍රීති සතුටින් පිරී ඉතිරී ගියා.

ඊට පස්සේ එක් එක් පසේබුදුවරයන් වහන්සේ මෙසේ ගාථාවලින් අනුමෝදනා කළා.

(3).   යමෙක් වෙහෙසී හොඳින් කැප වී -
            දැහැමි ලෙස ධනයත් සොයාගෙන

තමාගේ ඒ දැහැමි ධනයෙන් -
මනාකොට දන්පැන් පුදයි නම්
යම රජුගේ වේතරණී නදියත් -
හැම නිරය ඔහු ඉක්මවා යයි
සියලු සැප ඇති දෙව් ලොවට හේ -
ඉතා සුවසේ නික්ම යන්නේ

(4)

යුද කොට සතුරන් දිනීම -
දන් දී ලෝභය දිනීම එක සමාන යයි පවසත්
ජීවිතාශා අත්හැර සටන් කරනා ටික දෙන -
බොහෝ සතුරන් නසා දමන්නේ
පින් ඵල අදහාගෙන දෙයි නම් සුළු දෙයක් නමුත්
පරලොවදී ඔහු හට බොහො සැප ලබා දෙන්නේ

(5)

නුවණින් විමසා දනට සුදුසු උතුමන් සොයා
මැනැවින් දන් දීම සුගතවරු පසසත් ම ය
දන් පිළිගන්ට සුදුසු වූ උතුමෝ සිටිත් නම් ලොව
එබඳු උතුමන් හට සැදැහෙන් පුදන දානය
ඉතා සරු කුඹුරක වපුල බිජුවට බඳු ම ය

(6). යමෙක් සතුන් හට හිංසා නොම කොට -
මෙත් සිතින් හැසිරේ නම්
අනුන්ගේ ගැරහුමට බිය වී -
වැළකී සිටියි නම් පවින්
සත්පුරුෂයෝ එබඳු අය හට පසසත්
කොතරම් දක්ෂ වූවත් පාපියා හට නොපසසත්
සැබැවින් සත්පුරුෂයෝ භය නිසා පව් නොකරත්

(7). දුර්වලව බඹසර රැක -
ඒ පිනෙන් රජ කුලේ උපදී
මැදුම් වීරියෙන් රකින බඹසර -
දෙව්ලොව උපත සලසයි
සුරැක ගත් විට උතුම් ලෙස බඹසර -
නිකෙලෙස් බවට පත් වේ

(8). දන් දීම නම් ඒකාන්තයෙන් -
බොහෝ අය පසසත් ම ය
දානයට වඩා ලොව -
නිවන දෙන දහම් පද උතුම් ම ය
පෙර සිටි උතුම් බුදුවරු -
ඊටත් කලින් සිටිය බුදුවරු
ඒ නැණැති සත්පුරුෂයෝ -
අවබෝධ කළාහු ය ඒ අමා නිවන ම

මේ ගාථා වදාළ පසේබුදුවරයන් වහන්සේලා එක් නම බැගින් අහසට පැන නැගී නොපෙනී ගියා. භරත රජුත් අගමෙහෙසියත් දිවි ඇති තෙක්ම දානාදී පින් කොට මරණින් මතු දෙවියන් අතර උපන්නා.

"මහණෙනි, ඒ කාලෙත් නුවණැත්තෝ හොඳින් විමසා බලා පින්කෙත හඳුනාගෙන දන්පහන් දුන්නා" කියා භාග්‍යවතුන් වහන්සේ මේ ජාතකය වදාළා. එදා වැඩහුන් ඒ පසේබුදුවරු පිරිනිවන් පා වදාළා. එදා සමුද්දවිජයා අගමෙහෙසිය වුණේ අපගේ රාහුලමාතාවෝ. භරත රජුව සිටියේ මම" යි කියා භාග්‍යවතුන් වහන්සේ මේ ජාතකය නිමවා වදාළා.

09. අට්ඨාන ජාතකය

නොවිය හැකි දේ පරිකල්පනය කරමින් ගාථා පැවසූ කතාව

පින්වතුනේ, පින්වත් දරුවනේ,

සංසාරයේ සැරිසරා යාම කියන්නේ මහා කෙලෙස් සැඩ පහරක සත්වයා ගසාගෙන යාමයි. අවිද්‍යාවෙන් වැසී ගිය තණ්හාවෙන් බැඳී ගිය සිතක් තිබීම නිසයි සත්වයාට ඒ ඉරණම අයිති වී තියෙන්නේ. බුදු කෙනෙක් පහළ වී කරන්නේ සත්වයාගේ සසර ගමනට හේතු වූ ඒ අවිද්‍යාවත් තණ්හාවත් නුවණැති දෙව්මිනිසුන්ගේ සිතින් බැහැර කරවා ඔවුන්ට නිකෙලෙස් වීමට මග පෙන්වීමයි.

එදා භාග්‍යවතුන් වහන්සේ පහළ වෙලා දහම් දෙසද්දී මෙකරුණ වටහාගත් අය උන්වහන්සේ වෙත ඇවිත් පැවිදි වුණා. කෙනෙක් නිකෙලෙස් වෙනවා කියන්නේ අපි හිතාගෙන ඉන්නා තරම් ලේසි දෙයක් නොවේ. පුද්ගලයා නිරන්තරයෙන් ආශ්වාදයට බැඳී මුලාව ඉන්න නිසා ඔවුන් තමන්ගේ පරණ ආශාවල්වලට යටවෙන සුළුයි. එය මැඩගෙන යාමට නම් ඔවුන් තමන්ගේ ඉඳුරන් සංවර කරගෙන කැපවිය යුතුයි. විමුක්තිය කරා යන පුරුෂයෙකුට ඇති ප්‍රධාන ම බාධාව නම් ස්ත්‍රියයි. ස්ත්‍රීන් පිළිබඳ සිත සිත තම විමුක්තිය අහිමි කරගන්ට

යන පින්වන්තයින්ව යළි ධර්ම මාර්ගයේ රැඳවීම පිණිස ඇතැම් ස්ත්‍රී ජීවිත තුළ සැඟවී පවතින දුර්ගුණ පෙන්වා දී ඔවුන් කෙරෙහි ඇති ඇල්මෙන් මුදවා ගන්ට භාග්‍යවතුන් වහන්සේ තරම් සමත් කෙනෙක් ලෝකයේ වෙන නෑ. මෙයත් එබඳු කතාවක්.

ඒ දිනවල අපගේ භාග්‍යවතුන් වහන්සේ වැඩ වාසය කොට වදාළේ සැවැත් නුවර ජේතවනයේ. ඔය කාලේ ඉතා ශ්‍රද්ධාවන්ත තරුණයෙක් භාග්‍යවතුන් වහන්සේ වෙත පැවිදි වුණා. නමුත් ටික කලක් යද්දි මේ භික්ෂුව ධර්ම ප්‍රතිපදාව හැල්ලුවට ගත්තා. තමන් නොදැනීම තමන්ගේ ගිහි කාලේ විවාහ වෙන්ට සිටි ස්ත්‍රිය ගැන සිත ඇදී ගියා. නැවත සිවුරු හැර යන්ට කල්පනා කළා. මෙය දැනගත් භික්ෂූන් වහන්සේලා මේ භික්ෂුව අකැමතිව සිටියදී භාග්‍යවතුන් වහන්සේ ළඟට කැඳවාගෙන ගියා.

"ඇයි භික්ෂුව, සිවුරු හැර යන්ට සිතුවේ...?"

"අනේ ස්වාමීනී... මා සමඟ අතිනත ගන්ට සිටි ඒ ස්ත්‍රිය මට මතක් වෙන්ට පටන් ගත්තා. ඒ ළමයා කෙනෙක් අත පණිවිඩයක් එවා තිබුණා ඇයට මාව මතක් වෙනවා කියා."

"භික්ෂුව... ඔබ දන්නවා ද ස්ත්‍රිය කියන්නේ කවුද කියලා? බොහෝ ස්ත්‍රීන්ට කෙළෙහිගුණ නෑ. මිත්‍රද්‍රෝහියි. කොහෙත්ම විශ්වාස නොකළ යුතුයි. ඉස්සර හිටිය නුවණැත්තෝ ස්ත්‍රියකට දිනපතා කහවණු දහසක් දීලත් ඇයව පෝෂණය කරන්ට බැරිව ගියා. එක දවසක් ඇයට රන් කහවණු දහස නොලැබුණා ය කියලා ඔහුව බෙල්ලෙන් ඇදලා එළියට දාලා එලවා ගත්තා. මෙවැනි කෙළෙහිගුණ නොදත් ස්ත්‍රියකගේ පස්සේ කෙලෙස්

වසඟව යන්ට එපා" කියා මේ අතීත කතාව ගෙනහැර දක්වා වදාළා.

"මහණෙනි, ගොඩාක් ඉස්සර කාලෙක බරණැස් නුවර බ්‍රහ්මදත්ත නමින් රජ්ජුරු කෙනෙක් රාජ්‍ය කරමින් සිටියා. ඒ රජුගේ පුතා වන බ්‍රහ්මදත්ත කුමාරය යි බරණැස් සිටාණන්ගේ පුතා වන මහාධන කුමාරය යි පුංචි සන්දියේ පටන් ම යාළුවෝ. එක ගුරු ගෙදර ඉගෙන ගත්තේ. එකට කෙළිසෙල්ලං කළේ. ඉතින් පිය රජ්ජුරුවන්නේ අභාවයෙන් පස්සේ කුමාරයා රජ වුණා. සිටුකුමාරයාත් අලුත් රජ්ජුරුවෝ සමීපයේ ම වාසය කළා.

බරණැස් නුවර ඒ කාලේ එක් නගර ශෝභිනියක් හිටියා. ඈ රූපශ්‍රීයෙන් අග්‍රයි. සියලු සැප සම්පතිනුත් අග්‍රයි. සිටු කුමාරයා දිනපතා ම ඈට කහවණු දහසක් ගෙවා රාත්‍රිය ගෙවන්නේ ඇගේ යහනේ. මහාසිටාණන්ගේ ඇවෑමෙන් මොහුට සිටාණ තනතුර ලැබුණා. එහෙම වෙලත් මොහු මේ සිරිත අත්හැරියේ නෑ. දිගටම දිනපතා කහවණු දහසක් ගෙවා ඈ ළඟට යනවා. අලුත් සිටුතුමා දවසට තුන්වරුවක් රාජෝපස්ථානයට යනවා.

දවසක් සිටුතුමා සවස රාජෝපස්ථානයට ගියා. ගිහින් රජ්ජුරුවෝ සමඟ සාකච්ඡා කර කර ඉන්නැද්දි රෑ බෝ වුණා. කලුවර වැටුණා. ඔහු රජමැදුරෙන් නික්ම යන අතරේ මෙහෙම කල්පනා කළා. 'ම්... ඔව්... අද රෑ බෝ වුණා නොවැ. දැන් ගෙදර ගොහින් සුන්දරී ළඟට එන්ට වෙලාව නෑ. මං අද කෙළින්ම එහෙ යනවා' කියලා තමන්ගේ උපස්ථායකයන් පිටත් කෙරෙව්වා. තමන් තනියම නගර ශෝභිනියගේ ප්‍රාසාදයට ගියා. සිටුතුමා දුටු නගරශෝභිනී සිනහ වේගෙන ළඟට ආවා.

"හා... ආර්ය පුත්‍රය... අද ටිකාක් වේලාසනින්... කෝ කහවණු දහස ගෙනාවා නේ!"

"අනේ කෙල්ලේ, මං අද මාළිගාවේ සාකච්ඡාවේදී ටිකාක් වෙලා ගත වුණා. ගෙදර ගිහින් එන්ටත් වෙලා මදි. ඒ නිසා මං අපේ උපස්ථායක පිරිස් යැව්වා. මාළිගාවේ ඉඳල ගෙදර නොගිහිං මං මේ තනියම ආවේ... මං හෙට එනකොට අද දාහත් අරං එන්නම්කෝ..."

එතකොට ඈ මොහොතක් නිශ්ශබ්ද වුණා. 'හහ්... මෙයැයි අද හිස් අතින් ඇවිත්. මං මෙයැයිව අද භාරගත්තොත් හැමදාම හිස් අතින් ඒවි. මගේ සල්ලියි මේ වැඩෙන් නැතිවෙන්නේ. දැන් ම මේ කරමේ නවත්තන්ට ඕනෑ' කියා සිතා මෙහෙම කීවා. "මේ ස්වාමී... ඔයැයි දන්නවා නේ. අපි වෙසඟනුන්. අපිත් එක්ක සෙල්ලම් බෑ. කරුණාකර ගිහිං දාහ අරං එන්ට."

"අයියෝ... ඔයාට මාව විශ්වාස නැද්ද මයෙ කෙල්ල? හරි... මං මයෙ ප්‍රමාදයට හිලව් වෙන්ට හෙට අද ගණන දෙගුණයක් කරලා ගෙවන්නම්කෝ."

සිටුතුමාගේ යෝජනාවට වෙසඟන කැමැති වුණේ නෑ. ඔහු නැවත නැවතත් කියද්දී ඈ තම දාසියන් ඇමතුවා. "ඒයි කෝ මේ ගෑණු ටික. මෙහෙ වරෙං... මේ පුද්ගලයාට මෙතන ඉඳන් මං දිහා බලා ඉන්ට දෙන්ට එපා. මෙයැයිගේ බෙල්ලෙන් ඇදලා එළියට දමා දොර වසාපන්." එතකොට ගෑණු ටික දුවගෙන ඇවිත් සිටුතුමාව බෙල්ලෙන් අල්ලා එළියට තල්ලු කොට දොර වැසුවා.

සිටුතුමා කල්පනා කරන්ට පටන් ගත්තා. 'මේකි මගේ කෝටිගාණක ධනය කාලා දැම්මා. මං එකම

දවසක් හිස් අතින් ආවා කියලා මාව බෙල්ලෙන් අල්ලා එළියට තල්ලු කළා නොවැ. ඡීහ්... මේ ගෑණු කියන්නේ පාපී, කිසිම ලැජ්ජාවක් නැති, කෙළෙහිගුණයක් නැති මිත්‍රද්‍රෝහී එවුන්ට ද!' කියා ස්ත්‍රීන්ගේ දුර්ගුණ සිහි කරමින් සිටිද්දී මුළු ස්ත්‍රී සංහතිය ගැන ම මහා පිළිකුළක් හටගත්තා. එතැනින් ම ගිහි ගෙදරට ඇති ආශාව දුරු වුණා. සිටුතුමා එදා ගෙදර ගියේ නෑ. රජ්ජුරුවන්ව දකින්ට ගියෙත් නෑ. කෙළින් ම වනාන්තරේට ගොහින් ගංගාතීරේ වන අසපුවක් හදාගෙන සෘෂි පැවිද්දෙන් පැවිදි වුණා. ධ්‍යාන අභිඤ්ඤා උපදවාගත්තා. වනමුල් ඵලාහාරයෙන් වනයේ ම වාසය කළා.

රජ්ජුරුවන්ට සිටුතුමාව දකින්ට ලැබුණේ නෑ. "මයෙ මිත්‍රයා කොහේ ගිහින් ද?" කියා විමසුවා. නගරශෝභිනිය විසින් සිටුතුමාට කරන ලද දේ මුළු නගරේ ම පැතිර ගොහින් තිබුණා. ඇමතිවරු රජතුමාට කාරණාව සැලකළා. "දේවයන් වහන්ස... ඔබවහන්සේගේ මිත්‍ර සිටුතුමාට මහා ඇබැද්දියක් වෙලා. අසවල් නගර ශෝභිනිය .... ඉතිං එතුමා ලැජ්ජාව ඉවසගන්ට බැරිව එහෝම වනගත වෙලා. දැන් පැවිදි වෙලාලු.

රජ්ජුරුවෝ නගරශෝභිනිය කැඳෙව්වා. "එම්බල ස්ත්‍රී... තී මයෙ මිත්‍ර සිටාණන්ගෙන් එක දවසකට කහවණු දහසක් නොදුන්නාය කියා බෙල්ලෙන් අල්ලා එළියට දැවා ඒ? හැබෑද ඒ?"

"එහෙමයි දේවයන් වහන්ස, හැබෑව."

"එම්බල ජඩ ස්ත්‍රී.... තී බරපතල වැරැද්දක් කළේ. වහාම පල. තී ගොහින් මයෙ මිත්‍රයා ඉන්නා තැනකින් එක්කරගෙන වර. නාවොත් තී කම්මුතුයි."

ඈ හොඳටෝම භය වුණා. මහත් පිරිවර සමඟ රථයක නැගී ගෙදරින් නික්ම සිටාණන් ගිය තැන සොයාගෙන ගියා. එක එක්කෙනාගෙන් අසමින් ගොස් තාපසින්නාන්සේ සිටි තැනට ම ගියා. ගිහින් වන්දනා කොට කියා හිටියා. "අනේ ආර්යයන් වහන්ස, ස්ත්‍රිය මෝඩයි. ඉතිං මාත් ස්ත්‍රියක් නොවැ. මයෙ මෝඩකොමට වෙච්චි වැරැද්දට මට සමාව දෙනු මැනව. මං ආයෙත් කවරදාකවත් එහෙම දෙයක් කරන්නේ නෑ නෑ ම යි."

"හරි... මං තිට සමාව දෙනවා. මට තී ගැන වෛරයක් නෑ."

"අනේ ස්වාමී... ඉදින් මට සමාව දෙනවා නං මාත් එක්ක රථයට නගින්ට. අපි යමු නගරෙට. මෙහෙ මක්කටෙයි දුක් විඳින්නෙ. නගරයට ගියාම මයෙ ගෙදර යම් ධනයක් තියේ ද ඒවා ඔක්කෝම මං දෙනවා."

"මට තී සමඟ එන්ට පුළුවන් කමක් නෑ. එහෙම නම් මේ ලෝකයේ යමක් නොවිය යුතු ද ඒවත් වේවි. අන්න එදාට එන්ට බලන්නම්" කියා මේ ගාථාව පැවසුවා.

(1)

යම් දවසක ගංගාවල ගලා බැස්ම නැවතී -
පියුම් පිපෙන විල් වූවෝතින්
ගී ගයනා කොවුලන් හැම -
හක් ගෙඩියේ පැහැයෙන් තනි සුදු වූවෝතින්
දඹගස්වල තල් ගෙඩි හැදුනෝතින් -
අන්න එදාට නම් තිගේ ළඟට එන්ට බලන්නම්

"අනේ ස්වාමී... අපි යමුකෝ ඉතින්" කියා ඈ නැවත නැවතත් යාච්ඤා කළා.

"හරි... ඉතින්... එන්නම්."

"ඉතින්... කවද්ද එන්නේ?"

"ඕ... එසේ නම් මං එන දවස අසා ගනිං" කියා මේ ගාථාවන් පැවසුවා.

(2). යම් දවසක ඉබ්බන්ගේ ලොම් අරගෙන -
තුන් පොටකින් උතුරු සළුව වියා
හිම වැටෙනා සීත කාලෙ පොරොවන්නට -
ඇහැක් වුණෝතින්
අන්න එදාට නම් තිගේ ළඟට එන්ට බලන්නම්

(3). යම් දවසක මදුරු තුඩුවලින් -
අපූරුවට අට්ටාලය තනා
එය නොසැලෙන සේ දැඩි වූවෝතින් -
අන්න එදාට නම් තිගේ ළඟට එන්ට බලන්නම්

(4). යම් දවසක හාවුන්ගේ අං අරගෙන -
ඉතා හොඳින් ඉණිමගක් තනා
දෙව්ලොව නැග ගන්ට හැකි වුණොත් -
අන්න එදාට නම් තිගේ ළඟට එන්ට බලන්නම්

(5). යම් දවසක ඉණිමගකින් මීයෙක් උඩ නැග
චන්ද්‍රමණ්ඩලේ හැපුවෝතින් -
හඳෙන් රාහු එළවා දැමුවෝතින්
අන්න එදාට නං තිගේ ළඟට එන්ට බලන්නම්

(6). යම් දවසක රා කළයක් බීගත් මැස්සෝ -
රංචු පිටින් කල්ලි ගැසීලා
ගිනි අඟුරු ගොඩක පදිංචි වූවෝතින්
අන්න එදාට නං තිගේ ළඟට එන්ට බලන්නම්

(7)

යම් දවසක තක්කාලි පැහැය ගත් තොල් තියෙනා -
ලස්සන මුහුණක් තියෙනා
නැටුම් ගැයුම්වලට හපන් බූරුවෙක් සිටියෝතින්
අන්න එදාට නං තිගේ ළඟට එන්ට බලන්නම්

(8). යම් දවසක කපුටෝ බකමූණන් හා එක්වී
රහසේ හමු වී බස් දොඩමින්
එකිනෙකාට ප්‍රිය තෙපුල් කීවෝතින්
අන්න එදාට නං තිගේ ළඟට එන්ට බලන්නම්

(9). යම් දවසක පුලස කොළෙන් කුඩයක් සකසා
එයින් වැස්ස වළක්වන්ට හැකි වූවෝතින්
අන්න එදාට නං තිගේ ළඟට එන්ට බලන්නම්

(10). යම් දවසක කලුංක නම් පුංචි කුරුල්ලා
ගන්ධමාදන පර්වතේ තුඩින් ඔසොවා ඉගිලුනෝතින්
අන්න එදාට නං තිගේ ළඟට එන්ට බලන්නම්

(11). යම් දවසක මුහුදේ යන නැවක් -
යන්ත්‍රය හා පලුපත් සමඟින්
ගමේ කොලු ගැටයෙක් අතට රැගෙන ගියෝතින්
අන්න එදාට නං තිගේ ළඟට එන්ට බලන්නම්

තාපසින්නාන්සේ මේ විදිහට කිසිදා සිදු නොවිය හැකි කරුණු පෙන්වමින් ගාථා එකොළසකින් පහදා දුන්නා. එය අසා වෙසඟන තාපසින්නාන්සේගෙන් යළිත් සමාව අරගෙන නගරයට ගියා. ගිහින් රජ්ජුරුවෝ බැහැ දැක කරුණු පවසා තමන්ගේ ජීවිතය දෙන්ට කියා යාච්ඤා කොට බේරාගත්තා.

භික්ෂුව, ස්ත්‍රිය එවැනි චපල, අකෘතඥ, මිත්‍රද්‍රෝහී තැනැත්තියක්. ඒ නිසා ඒ ඇල්ම බැහැර කොට ධර්මයේ හැසිරෙන්ට" කියා චතුරාර්ය සත්‍ය ධර්මය වදාළා. ඒ ධර්ම දේශනාවේ කෙළවර සිවුරු හරින්ට සිතා හුන් භික්ෂුව සෝවාන් ඵලයට පත් වුණා. "මහණෙනි, එදා රජ්ජුරුවෝ වෙලා සිටියේ අපගේ ආනන්දයෝ. නගරශෝභිනිය නිසා කළකිරී පැවිදිව සිටි තාපසින්නාන්සේ වෙලා සිටියේ මම" යි කියා භාග්‍යවතුන් වහන්සේ මේ ජාතකය නිමවා වදාළා.

10. දීපි ජාතකය

එළුදෙන මැරූ දිවියාගේ කතාව

පින්වතුනේ, පින්වත් දරුවනේ,

සමහර සිදුවීම් භවයෙන් භවය එකම විදිහට සිදුවන්නේ මිනිසුන්ට පමණක් නොවේ. සතුන්ටත් එහෙම වෙනවා. මේ එබඳු කතාවක්.

ඒ දිනවල අපගේ භාග්‍යවතුන් වහන්සේ වැඩ වාසය කොට වදාළේ රජගහනුවර වේළුවනයේ. ඔය කාලේ අපගේ මහා මොග්ගල්ලානයන් වහන්සේ කුඩා කඳු පවුරකින් වට වූ එක් දොරක් ඇති ගිරිබ්බජ සෙනසුනේ වැඩ වාසය කළේ. ඒ දොරටුව අසල සක්මනක් තියෙනවා.

ඒ දවස්වල එළුවෝ බලන කොලු ගැටව් එළුවන්ව ගිරිබ්බජ වනයට එවලා නිදැල්ලේ හැසිරෙන්ට දීලා ඔවුනුත් සෙල්ලම් කරනවා. දවසක් ටිකක් සවස් වෙලා එළු පට්ටිය දක්කාගෙන යද්දී එක එළිච්චියක් ඈතට ගිහින් හිටියා. එළුවෝ පිටත් වෙනවා ඈ දැක්කේ නෑ. ඈ පිරිසෙන් වෙන් වුණා. තනි වුණා. ඈ අන්තිමට තනියම එද්දී කොටියෙක් ඈව දැක්කා. දැකලා මේකිව මං කන්ට ඕනෑ කියා සිතාගෙන ගිරිබ්බජ දොරටුව ළඟ කුරුමානම් අල්ලාගෙන හිටියා.

එළුච්චි වටපිට බලද්දී තමන්ව කන්ට බලා සිටින

කොටියාව දැක්කා. 'හපෙ අප්පෝ... මං ඉවරයි... ආන්න... අර ඉන්නේ මාව කන්ට බලාගෙන. හපොයි... මං දැං හැරිලා දිව්වොත් මේකා පැනපු ගමන් මාව මරනවා... ඔව්... අද මට කරන්ට තියෙන්නේ පුරුෂ වීරියෙන් යුක්තව මෙයට මූණ දෙන එක. එහෙම හිතලා අං දෙක ඔසොවාගෙන කොටියාට මුහුණ ලා වේගයෙන් පැන්නා. කොටියාව අල්ලගන්ට වගේ පැනලා කොටියාටත් හිතාගන්ට බැරි විදිහට වේගයෙන් පලා ගිහිං එළු පට්ටිය ඇතුළට එකතු වුණා. කොටියා යන්ට ගියා.

මහා මොග්ගල්ලානයන් වහන්සේ මේ එළුච්චි කළ වැඩේ බලාගෙන සිටියා. පසුවදා භාග්‍යවතුන් වහන්සේ බැහැදැක මෙය පවසා සිටියා.

"ඉතින් ස්වාමීනී... ඒ එළුච්චි හරිම උපායශීලීව කොටියාගෙන් ගැලවිලා ගියා. හරිම ධෛර්යයකින් එතනදි හැසිරුණේ."

"මොග්ගල්ලානයෙනි, ඒ කොටියාට මේ වතාවේ නම් ඔය එළුච්චිව අල්ලා ගන්ට බැරිව ගිය බව හැබෑව. නමුත් කලින් ආත්මෙක ඈ විලාප දෙද්දී ඔය කොටියා ම යි ඇව අල්ලාගෙන මරා දැවේ."

"අනේ ස්වාමීනී භාග්‍යවතුන් වහන්ස, ඒ එළුච්චිගේ අතීත ජීවිතය ගැන අපිත් දැනගන්ට සතුටුයි. එය අපට වදාරණ සේක්වා!" භාග්‍යවතුන් වහන්සේ මේ අතීත කතාව ගෙනහැර දක්වා වදාළා.

"මොග්ගල්ලානයෙනි, ගොඩාක් ඉස්සර කාලෙක මගධ රටේ එක්තරා ගමක ධනවත් පවුලක මහා බෝධිසත්වයෝ උපන්නා. වයසින් මුහුකුරා ගියාට පස්සේ

ගිහි ගෙය අත්හැර සෘෂි පැවිද්දෙන් පැවිදි වුණා. ධ්‍යාන අභිඤ්ඤා උපදවා ගත්තා. සෑහෙන කාලයක් හිමාලයේ වාසය කරලා ලුණු ඇඹුල් සෙවීම පිණිස හිමාලයෙන් පහළට බැස්සා. චාරිකාවේ ඇවිත් රජගහ නුවරටත් වැඩියා. ගිරිබ්බජ සෙනසුනේ කුටියක් කරවාගෙන වාසය කළා.

ඔය විදිහට ම ඒ කාලෙත් එළුවන් බලන අය ගිරිබ්බජ වනයට එළුවන්ව දක්කනවා. එදාත් එළුපට්ටිය දක්කාගෙන ආපසු යද්දි එක එළිච්චියකට පිරිසට එකතුවෙන්ට බැරි වුණා. ඈ අන්තිමට පස්සෙන් ආවා. මෙය දුටු එක්තරා කොටියෙක් ඇයව මරාගන්නා අදහසින් ගිරිබ්බජ දොරටුව ළඟ කුරුමානම් අල්ලාගෙන හිටියා. එළුච්චි තමන්ව අල්ලාගන්ට මාන බලන කොටියාව දැක්කා. "හපෝ... මං විනාසයි... ආං අරකා ඉන්න හැටි මාව අල්ල ගන්ට. හහ්... මං අද මේකාත් එක්ක මිහිරි පිළිසඳර කතාවක යෙදෙන්ට ඕනෑ. මේකාගේ හදවත මොළොක් කොරලා හිමිහිට මෙතනින් පැනගන්ට ඕනෑ" කියලා දුර ඉඳලා ම කොටියා ඉන්න පාර දෙසට එමින් මේ ගාථාව පැවසුවා.

(1). ඔහෝ... අපේ මාමණ්ඩී -
දැන් ඔයාට කොහොමෙයි
ඉවසන්නට ඇහැක ඔහෙට -
යැපෙන්නටත් ඇහැක ඔහෙට
අපේ අම්මා ඇසුවනේ මගෙන් -
ඔයැයිගෙ සැප සනීප ගැන
අපිත් ඉතින් ඔයැයි සැපෙන් -
ඉන්නවාට තමා කැමති

එතකොට කොටියා මෙහෙම සිතුවා. 'ඕ... එහෙනම් මේකිත් සෙල්ලං එකියක් නොවෙයි ඒ! මට මාමණ්ඩිය කියලා රවට්ටන්ට ඒ! මේකි මයෙ හැටි දන්නෑ' කියා සිතා මේ ගාථාව පැවසුවා.

(2). හනේ හනේ එළිච්චියේ -
ආව නේද තී ත් මගේ වලිගය පාගාගෙන
මාමණ්ඩිය වුණේ මාව කවද්ද තිට -
මගෙන් ගැලවුණා කියල ද තීට හිතෙන්නේ

එතකොට යළිත් වරක් හිතට ධෛර්යය ගෙන එළුච්චිය මේ ගාථාවන් කීවා.

(3). ඇයි ද අනේ මාමණ්ඩී -
ඔයැයි එහෙම කියන්නෙ මට
පෙරදිග දෙස මුහුණ ලා නෙ -
ඔයැයි ඉන්නෙ වාඩි වෙලා
මං ආවේ ඔයැයි ඉදිරියෙන්
ඔයැයි ගෙ නගුට තියෙන්නේ පිටිපස්සේ
මං කොහොමෙයි එය පාගන්නේ

"හනේ එළිච්චියේ, තී මොනාද දන්නේ මයෙ නගුට ගැන. ඕං අහගනිං" කියා කොටියා මේ ගාථාව පැවසුවා.

(4). මේ මුහුද සහිත සියලුම පර්වත ද සහිත
පැතිර යත් ද යම්තාක් ම සිව් මහ දිවයින
ඒ තාක් ම මයෙ වලිගය පැතිර තියේ එළිච්චියේ
තී කොහොමෙයි මයෙ වළිගය නොපාගා ඉන්නේ

එතකොට එළිච්චි මෙහෙම හිතුවා. 'ඔහ්... මේ දුෂ්ටයා මධුර කතාවට අඩංගු නෑ වගෙයි. එහෙනම් මාත්

විරුද්දෙට කතා කරන්ට ඕනෑ' කියා සිතා මේ ගාථාව පැවසුවා.

(5). **හෝ... හෝ... මයෙ මාපියන්ගෙනුත් -**
මයෙ සෝයුරන්ගෙනුත්
ඔය වග මං අසා තියෙනවා
දුෂ්ටයාගෙ වලිගය නම් දිගට තියෙනවා කියා
මං ඒකනෙ අහසින් ආවේ

"ඕ... ඕ... මං දන්නවා තී අහසින් ආ වග ඒ! තී ආකහෙන් එන්ට ගොහිං තමා මගේ ගොදුර නැති වුණේ" කියා මේ ගාථාව කොටියා කිව්වා.

(6). **එම්බල එළිච්චියේ තී -**
ආකාසෙන් මෙහි එනවා දැක
මං ගොදුරු කන්ට උන්නු මුව රැළත් -
පැනල ගියා නේ
මට තී මගෙ ගොදුරු නැති කළා

එළිච්චිට බේරෙන්ට බැරි වග තේරුණා. "අනේ මයෙ මාමණ්ඩියෝ... මට එවැනි දරුණු දෙයක් කරන්ට එපෝ! අනේ මයෙ පණ කෙන්දට මක්කවත් කරන්ට එපෝ!" කියා මරණ භයින් විලාප දෙන්ට තියා ගත්තා. ඈ විලාප දෙද්දී පැනලා බෙල්ලෙන් ඩැහැගෙන මරා කෑවා.

ඉතිං මොග්ගල්ලාන, එදා ඔහොමයි ඔය එළිච්චි මළේ කියා මේ ගාථාවන් වදාළා.

(7). **එසේ කියා වැලපුන එළිච්චියගෙ ගෙලට පැන**
කොටියා ලේ පිපාසිතව ඈ මරලා කෑවා
දුෂ්ටයාට යහපත් වදනින් - කිසිම පලක් නැත්තේ

(8). දුෂ්ටයා හට නීතියක් නැත -
දුෂ්ටයා තුළ ධර්මයක් නැත
දුෂ්ටයා හොඳ බසින් තොර වෙයි
දුෂ්ටයා වෙත යෙදිය යුත්තේ බලයයි
දුෂ්ටයා සත්පුරුෂයා හා කිසි කල එක් නොවේ

එදා මොග්ගල්ලාන, ඒ තාපසයා හැම දෙයක් ම බලා සිටියා. එදා එළිච්චි වෙලා සිටියේ අද එළිච්චි ම යි. එදා කොටියා වෙලා සිටියේ අද කොටියා ම යි. එදා තාපසයාව සිටියේ මම" යි කියා භාග්‍යවතුන් වහන්සේ මේ ජාතකය නිමවා වදාළා.

පළවෙනි කච්චානි වර්ගය යි.

අටවෙනි නිපාතය අවසන් විය.

මහාමේඝ ප්‍රකාශන

- **ජාතක කථා පොත් පෙළ :**

කොටස් වශයෙන් පළවන, ජාතක පොත් වහන්සේට අයත් කතා වස්තූන් "නුවණ වැඩෙන බෝසත් කථා" නමින් පොත් 40 ක් මේ වන එළිදැක්වා ඇත.

- **අලුත් සදහම් වැඩසටහන :**

01. දුක් බිය නැති ජීවිතයක්
02. දස තථාගත බල
03. දෙව්ලොව උපත රැකවරණයකි
04. නුවණ වැඩීමට පිළියමක්
05. ලොවෙහි එකම සරණ
06. මෙන්න දුකේ රහස
07. නුවණ ලැබීමට මුල් වන දේ
08. නිවැරදි ලෙස දහම දැකීම
09. මොකක්ද මේ ක්ෂණ සම්පත්තිය?
10. පඤ්ච උපාදානස්කන්ධය
11. ප්‍රඥාවමයි උතුම්
12. නුවණින් විමසීම අපතේ නොයයි
13. පිහිටක් තියෙනවා ම යි
14. කොහොමද පිහිට ලැබගන්නේ...?
15. බුදු නුවණින් පිහිට ලබමු
16. අසිරිමත් දහම් සාකච්ඡා
17. දිව්‍ය සභාවක අසිරිය
18. ආර්ය ශ්‍රාවකයාගේ අවබෝධය
19. අසිරිමත් මහාකරුණාව!
20. විස්මිත පුහුණුව
21. අපට සොඳ ය සියුම් නුවණ
22. දුකෙන් මිදෙන්ට ඕනෑ නැද්ද?
23. නුවණැත්තෝ දකිති දහම
24. තමාට වෙන දේ තමාවත් නොදනියි
25. දැන ගියොත් තිසරණයේ, නොදැන ගියොත් සතර අපායේ
26. විහින් අමාරුවේ වැටෙන්න එපා!
27. නුවණින් ම යි යා යුත්තේ
28. සැබෑ පිහිට හඳුනාගනිමු

- **සදහම් සිතුවම් පොත් පෙළ :**

01. ඡත්ත මාණවක
02. බාහිය දාරුචීරිය මහරහතන් වහන්සේ
03. පිණ්ඩෝල භාරද්වාජ මහරහතන් වහන්සේ
04. සුමන සාමණේර
05. අම්බපාලී මහරහත් තෙරණියෝ
06. රට්ඨපාල මහරහතන් වහන්සේ
07. සක්කාර නුවර මසුරු කෝසිය
08. කිසාගෝතමී
09. උරුවේල කාශ්‍යප මහරහතන් වහන්සේ
10. සංකිච්ච මහරහතන් වහන්සේ
11. සුප්පබුද්ධ කුෂ්ඨ රෝගියා
12. නිවී ගිය සේක බුද්ධ දිවාකරයාණෝ
13. සුමන මල් වෙළෙන්දා
14. කාලි යක්ෂණිය
15. මුගලන් මහරහතන් වහන්සේ
16. ලාජා දෙවඟන
17. ආයුවඩ්ඪන කුමාරයා
18. සන්තති ඇමති
19. මහධන සිටුපුත්‍රයා
20. අනේපිඬු සිටුතුමා
21. නන්ද මහරහතන් වහන්සේ
22. මණිකාර කුළුපග තිස්ස තෙරණුවෝ
23. විශාඛා මහෝපාසිකාව
24. පතිපූජිකාව
25. සිරිගුත්ත සහ ගරහදින්න
26. මහාකස්සප මහරහතන් වහන්සේ
27. අහෝ දෙව්දත් නොදිටි මොක්පුර
28. භාගිනෙය්‍ය සංඝරක්ඛිත මහරහතන් වහන්සේ
29. උදලු කෙටිය
30. සාමාවතී සහ මාගන්දියා
31. සිරිමා
32. බිළාලපාදක සිටුතුමා
33. මඝවා නම් වූ සක්දෙවිඳු
34. ආනන්දය, සර්පයා දුටුවෙහි ද?
35. සුදොවුන් නිරිඳු
36. සුමනා දේවිය
37. නමෝ බුද්ධාය
38. චෝරඝාතක
39. සිඳුරු පහේ ගෙදර
40. අග්ගිදත්ත බ්‍රාහ්මණයා
41. කාලදේවල තවුසා

- **ඉංග්‍රීසි භාෂාවට පරිවර්තනය වී ඇති ධර්ම දේශනා ග්‍රන්ථ :**

01. Mahamevnawa Pali-English ParittA Chanting Book
02. The Wise Shall Realize
03. The life of Buddha for children
04. Buddhism

පූජ්‍ය කිරිබත්ගොඩ ඤාණානන්ද ස්වාමීන් වහන්සේ විසින් රචිත
සියලුම සදහම් ග්‍රන්ථ සහ ධර්ම දේශනා ලබාගැනීමට

ත්‍රිපිටක සදහම් පොත් මැදුර

අංක 70/A/7/OB, YMBA ගොඩනැගිල්ල, බොරැල්ල, කොළඹ 08
දුර : 077 47 47 161 / 011 425 59 87
ඊ-මේල් : thripitAkasadahambooks@gmail.com

www.ingramcontent.com/pod-product-compliance
Lightning Source LLC
Chambersburg PA
CBHW060512030426
42337CB00015B/1860